発達障害の
子どもに学ぶ

子育てのノロイをほぐしましょう

赤木和重
AKAGI, Kazushige

日本評論社

子育てのノロイをほぐしましょう

発達障害の子どもに学ぶ

はじめに

「なぜ、あなたは、子育て本を読むの？」

こう聞かれたら、どう答えますか？　「子育てについての知識を得て、子どもを上手に育てるため。そして、子どもを幸せにするため。あわよくば、いい大学に入れたり、スポーツ選手にならせたい」などでしょうか。

実際、ほとんどの子育て本は、そんな感じで書かれています。でも、この本は違います。子育てのスキルアップのための本ではありません。**子育てをええ感じで「ゆるく」するための本**です。

みなさん、次のページの二歳の子どもさんの写真を、よ〜く見てください。

「え！◆★●△◎？」と思いませんか？　**左足はスニーカー、右足はぞうり、**そして**両手にシャケ……。**なんでしょう？　なんなんでしょう⁉

この素敵な写真は、あるお母さんが、本書のもとになったウェブ連載のある回（本書第2章）を読んだあと、送ってくださったものです。ドッキリしたあなた！　ここで本を閉じず、もうあと三秒だけ、この写真をじぃーーーっと見てください。

すると、最初のドッキリはじわじわ消え、そのかわりに、なんともいえない脱力感と安心感が、心のなかから湧き上がってきませんか？　自由が躍動していますよね。

そうなんです、子育てに必要なのは、この感じなんです。**この本は、このような脱力感、安心感、そして、そのあとになぜか湧いてくる勇気を得るための子育て本です。**

「ちょっと待って！　まだドッキリしたままなんですわ」というあなた、ご安心ください。

そんな方は、騙されたと思って、このあとの本文をチラ～ッと見てください。この写真がなぜものすごく〝ええ感じ〟なのかが見えてきます。本書を読み終えたあとには、きっと脱力感、安心感、そして子育ての新たなアイデアが湧いてくるはずです。

私はこの本を、手に取ってくださった方が自分の子育てに安心したり、わが子の愛らしい面を再発見したりされることを願って書きました。子育ての基本は「安楽さ」、つまり、「安心感」と「楽しさ」です。それさえあれば、あとはなんとかかんとかなります。

とはいえ、その安楽さを家庭のなかで保ち続けるのって、ほんとに難しいなと思います。私も子育て中の身ですので、その難しさは実感しています。ちょっとしたことでイライラしたり、すぐに怒ったり、まわりと比べて焦ったりします。安心感や楽しさがすぐにどこかに飛んでいきます。

安楽さの子育てが難しい理由の一つは、忙しさです。でも、それだけではありません。私たち親のもつ子育てについての思いこみが、安楽さを削いでいるのです。**「よい親は〇〇すべき」とか、「〇〇という子育てをしたら親失格」といった〝ノロイ〟が、安楽さの子育てをしばしば邪魔します。**

この本では、子育てにまつわるさまざまなノロイをほどいていくことをゴールにします。そのなかで、安楽さの子育てとはどんなものかを探っていければと思います。

それでは、そろそろ、時間です。子育てのノロイをほどく旅に、一緒に出かけましょう！

子育てのノロイをほぐしましょう　発達障害の子どもに学ぶ　目次

本書は、二〇一九年九月から二〇二〇年八月にかけて、「Ｗｅｂ日本評論」（https://www.web-nippyo.jp/）で連載した「子育てのノロイを解きほぐす―発達障害の子どもに学ぶ」がもとになっています。連載中に新型コロナウイルス感染症の流行が始まり、拡大しました。そのため急きょ、「コロナ禍における子育て」についても書くことになりました。執筆時点で起こった出来事に基づいて書いているため、現在（二〇二一年二月）とは感染状況やウイルスに対する認識が変わっているところがあります。その点、ご承知おきいただくとともに、当時を思い出しながら読んでいただけると、よりリアルな空気感が伝わるかと思います。

また、本書で紹介する事例については、いずれもプライバシー保護のため、仮名にしたうえで細部を変更しています。

01 あなたの子育て、ノロわれてます!?

（2019・9）

はじめましての自己紹介

こんにちは。神戸大学で教員をしている赤木と申します。最初に自己紹介を少し。専門は発達心理学です。発達障害のある子どもの心理について研究しています。同時に、保育園や学校を訪問して、先生方と一緒に、子どものことや授業のことについてあれこれ考える巡回相談という仕事もしています。

今回、編集者の方から「子育てについて連載を」とお声がけいただきました。「おぉ、私にも連載の依頼が来たぁぁぁ！」と嬉しくなりましたが、一方で、ちょっと無理かも、と感じました。

もちろん、子育ての経験がないわけではありません。中学生の娘と小学生の息子の父親で、子育て真っ最中の身です。しかし、ここだけの話、子育てに、確たる自信がありません。

少し前も、娘に「お父さんはヘラヘラしているから、相談する気になれない」とクールに糾弾されました。私としては、父みずからが上機嫌の雰囲気を家庭内でかもし出すことによって、子どもが悩みを言いやすくしていたつもりだったのですが、娘にとっては「ヘラヘラ」にすぎなかったとは……。うーん、子育てって、難しい。

という感じで、子育てにはどうにも自信がありません。ですので、「私はこうして子どもを東大に入れました！　ウホゥ！」といったように、自分の経験を通して子育ての理想を語ることは到底できません。

ただ一方で、発達心理学者として、現在の子育ての風潮で、気にかかっているところがあります。そこで、研究者の立場から、子育てのあり方について考えていくことにします。

子育てにかけられた〝ノロイ〟とは？

私が感じている、子育ての「気がかり」とは……

それは、一言でいえば、**私たちの子育ては「ノロわれている」**ということ。

私たちは、知らず知らずのうちに「子育て、かくあるべし」という硬直した正しさにとらわれ、縛られ、息苦しくなっているように感じます。その〝ノロイ〟ゆえに、子どもを追いつめ、そして、親自身も追いつめられている印象を受けます。

「私の子育てはノロわれていません！　失礼な！」と思う親御さんもおられるでしょう（すみません……）。ただ、ノロイというのは、その渦中にいると気づきにくいものです。子育ての真っ最中には自覚していないけれど、子育てが一段落したり、どうにもうまくいかないときに、初めて「あぁ、私は○○にとらわれていたんだ」と気づくたぐいのものです。

ノロイの例をあげましょう。

上西充子さんの『呪いの言葉の解きかた』[1]という本に、労働場面での典型的な「呪いの言葉」として、**「嫌なら辞めればいい」**があげられています。長時間労働やパワハラ、セクハラ、残業代不払いなどについて声をあげた場合、上司や経営者から、この「嫌なら辞めればいい」という言葉が出されます。

たしかに、この言葉、強力ですよね。この言葉を突きつけられると、「そんなに嫌なら辞めたほうがいい。なのに辞めないでいるのは自分なんだから、我慢しないと」と考えそうになります。

しかし、本来は、辞める／辞めないの問題ではなく、長時間労働やパワハラを強いてくる経営者側に問題があるはずです。「嫌なら辞めればいい」という、一見するともっともな言葉にからめとられないようにするには、「この言葉や考えはノロイだ」と自覚することが必要です。つまり、知らず知らず自分の自由をせばめる悪意のある言葉や考えだと気づくことです。

子育ては、とくに、このノロイが効きやすい領域です。

すべての親が、最初は子育て未経験です。にもかかわらず、すべての親が、子どもには絶対に幸せになってほしいと願っています。

「子育て未経験」なのに、「子どもには幸せになってほしい」と願う。すると、「こうすれば子育てはうまくいく！」といった正解がほしくなるのが、人情というもの。

しかし、**子育てに「こうすればよい」という正解はありません**。絶対にありません。親の性格、子どもの性格、家庭の事情、現代社会の状況など無数の要因があるため、「これ！」という正解は出せないのです。

でも、やっぱり正解がほしい。子どもに幸せになってほしいから。

すると、「子育て、かくあるべし」という硬直した「正解」（繰り返しますが、実は幻想です）がどこからともなく漂ってきて、ノロイという見えないお化けに変身し、子育てを縛り、息苦しいものに変質させます。

とはいえ、「子育てに正解はありません、はい、残念」と上から目線で突き放すつもりはありません。まずは、子育てにかかっているノロイの正体を突きとめ、そして、ゆっくりほぐしていきます。そのあとで、子育てで大事にしたいことを、伝えていくことにします。

発達障害の子どもが教えてくれること——「できるのがよい」というノロイ

ノロイとは、見えないもの、気づきにくいものであると前述しました。ノロイに気づくのは難しいものです。

そこで、ノロイを見えやすくするために、本書では「**発達障害**」をキーワードにします。

発達障害とは、自閉スペクトラム症や学習障害、ADHD（注意欠如・多動性障害）などを指します。知的には遅れがないけれども、コミュニケーションがぎこちなかったり、読み書きに困難を抱えていたり、落ち着きがなかったりするような特徴をもつ障害のことです。

一見しただけでは障害の存在がわかりにくいため、「見えない障害」と呼ばれることもあります。「見えない」と言っても当事者にとっては些細なことでは決してなく、生きづらさにつながる困難さを示すことがしばしばあります。

ノロイを見えやすくするために、なぜ発達障害を手がかりにするのでしょうか。それは、発達障害の存在が、私たち世間が無意識に抱いている「こうすべき」とか「大事だ」という思いこみに対して、「それってほんまなん?」という疑問を突きつけてくれるからです。

例をあげましょう。ある小学校の特別支援学級を参観していたときのことです[2]。自閉スペクトラム症と知的障害があり、多動傾向のカズホくんに、担任の先生が算数の問題を出していました。先生は、「18＋3は?」という問題を出しました。先生としてはできると思って出したのですが、カズホくん、答えにつまってしまいました。

みなさんが担任の先生なら、このときどうしますか?

多くの場合、「21」という答えを導くためのヒントを与えるのではないでしょうか。8＋3に分解して考えさせてみたり、積み木を使って具体的に考えさせたりなどです。そして、万策尽きれば、「に、に、にじゅう……」と、ほとんど数字当てゲームみたいな声かけになるかもしれません。私も、当たり前のように、どんなヒントがいいかな……と考えていました。

ところが、担任の村上公也先生は違いました。答えにつまっているカズホくんに、**「そうや、それが考えるってことや！　よう考えてるなぁ」**と、興奮して声をかけたのです。

私は、「エッ？」と思うと同時に、ハッとしました。

答えにつまる、ということは、考えているということですよね。とくに、多動の子どもの場合、「つまる＝考える」ことがどれだけすごいかは、私の臨床経験からも納得できます。多動の子どもが難しい問題にあたると、席から離れることも多いからです。そもそも、じっと考えることができれば、多動にはなりにくいですよね。

考えることの大事さを見抜く村上先生の視点に、私はハッとしました。

もう一つハッとしました。私たちは、**「できることがよい」というノロイ**にとらわれているんだとハッとしました。

私たちの多くは、「できることがよい」と当たり前のように考えています。だからこそ、子どもが「18＋3ができない」ことを目の当たりにすると、「できる」ようにさせたくなります。

「できること」は大事です。でも、ノロイでもあります。なぜなら、「できること」にとらわれ、縛られることで、子どもの「考える」という大事な姿が見えなくなってしまうからです。子どもの幸せを願うあまり、私たちは、「できること」に縛られていることが多いように思います。

私も、親として、わが子にできることが増えてほしいと思います。英語が話せるようになってほしい、友だちがたくさんできてほしい、背泳ぎができるようになってほしい……。でも、それだけだとノロイですよね、と、村上先生のエピソードは教えてくれます（村上先生は他にも数々の興味深い実践をされています[3]）。

「できることがよい」というノロイは、子どもの素敵な思いや悩みを見えなくさせる可能性があります。「できないけど考えている」「できないけど頑張っている」「できるけど無理している」……そんな子どもの思いが見えなくなるのが、親子にとって実は一番怖いことだと思います。

「できる／できない」の手前で、子どもは何を願い、何を悩んでいるのか。ノロイをほぐして、そこを見つけるやわらかな視点をもちたいものです。そして、そのまなざしは、子どもに届き、子どもの心をやわらかくしていきます。

発達障害の子どもたちの姿や彼らに対する支援に学びながら、私たちは何にノロわれているのか、そして、どうほぐしていけるのかを、一緒に考えていきましょう。

[1] 上西充子『呪いの言葉の解きかた』晶文社、二〇一九年

[2] 赤木和重『目からウロコ！ 驚愕と共感の自閉症スペクトラム入門』全国障害者問題研究会出版部、二〇一八年

[3] 村上公也、赤木和重『キミヤーズの教材・教具―知的好奇心を引き出す』クリエイツかもがわ、二〇一一年

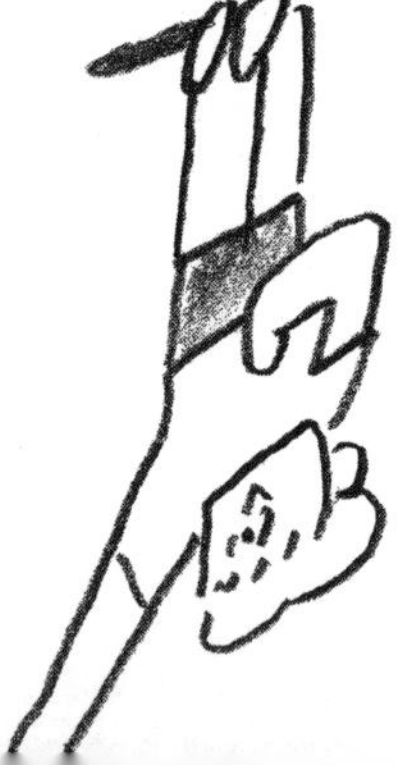

02 〝ちゃんと〟のノロイ
（2019・10）

小学校低学年の息子と、日夜、ポケモンカードに熱中しています。

最初は、「ポケモンなんて、しょせん、子どもだましでしょ」と思っておりました。いやいや、やってみると、とても戦略的な要素が強く、知的なゲームです。それに、運の要素も適度にあるため、実力や持ち札の強さに多少の差があっても楽しむことができます。息子とともに（もしくは息子以上に）はまっています。気がつけば一時間たっていることもしばしば。この夏休み、時間があれば二人でずっとバトルしていました。

ある日、息子に三回連続して叩きのめされました。ついカッとなった私は、思わず「あぁ、もう、強すぎるねん！　もうちょっと手加減してくれよおぉ!!」と叫んでしまいました。キレながら懇願するという意味不明の叫びに、われながら苦笑いしている今日この頃です。

左と右、違う色の靴を履くことは……

さて、本題に入りましょう。

前回、私たちの子育てはたくさんのノロイにとりつかれています、という話をしました。今回は、数あるノロイのなかでも、**〝ちゃんと〟のノロイ**を取り上げます。そう、「ちゃんとお片づけしなさい」などと親がよく使う言葉の一つ、〝ちゃんと〟についてです。

二〇年以上前のエピソードから始めます。

当時、私は大学院生で、同時に、一歳半健診などの乳幼児健診の発達相談員として働いていました。子育てや発達についての知識が不足していたので、さまざまな研修会に出て勉強していました。そんなときに参加した、とある研修会での講師のお話が衝撃的でした。いまでもありありと思い出すエピソードです。

その講師の方は、発達障害の子どもをもつお母さんから、「うちの子が、外に出かけるときに、右足は黄色の靴を、左足は青色の靴を履きたがるんです。どうしたらいいでしょうか？」という質問を受けたそうです。そこまで話して、その講師さんは、「お母さんからこのような相談を受けたら、みなさんなら、どうされますか？」と、フロアに問いかけました。

これを聞いた私は、

「どうしたら同じ色の靴を履いてくれるかな？　写真とかを使って、『両方とも同じ色の靴』のモデルを示して、具体的にわかりやすく提示すればいいだろうか。いや、親子関係の問題が根っこにあるかもしれないから、まずはそのあたりをアセスメントして……」

などと考えていました。

すると、講師の一言。

「左右の靴の色が違っても、いいですよね。おしゃれやん」

「え……！　お、おぉぅ！」……

衝撃でした。

当時の私は、「両方とも同じ色の靴にすべき」という前提で、あれこれ必死に支援の方法を考えていました。それなのに、その講師の方は「靴の色が違ってもいい」、さらには「おしゃれやん」とのこと。まったく考えもしませんでした。私は、何百時間必死に考えても、障害や子育てに関する知識を何百万倍身につけても、「違っていてもいい」という回答にはたどりつけなかっただろうなと感じました。

だって、〝ちゃんと〟のノロイにとりつかれていたのですから。

〝ちゃんと〟がノロイに化けるとき

〝ちゃんと〟という言葉には、「きちんとしている・間違っていない・規準に沿っている」という意味合いがあります。子育てでは、とくに「しつけ」の場面で用いられることが多いでしょう。

たとえば、私は小さい頃、両親から、次のような〝ちゃんと〟をよく言われていた記憶があります。

「机の上、ちゃんと片づけなさい。グチャグチャやないの」「ちゃんと時間通りに行きなさい。土井くん、迎えにきてくれてるやないの」「上の服、ちゃんとズボンに入れなさい。ピロピロさせてからに」「チャック、ちゃんと閉めなさい。なんでいっつも開けてんの。捕まるでほんまに」「口、ボーッと開けてんと。ちゃんと閉じて。いろんなもん抜けていくで」……。（補足しておくと、私はこれらの小言にしんどくなった記憶がまったくありません。最後は親がギャグ調で終わらせてくれたこともあってか、親子のコミュニケーションの一つとして受け取っていたからかもしれません）

「左右とも同じ色の靴を履く」ことも、規準に沿うという意味で、〝ちゃんと〟を象徴する行為です。逆にいえば、「左と右で違う色の靴を履く」というのは、「ちゃんとしていない」ことです。そして、もっといえば、私や、先の質問をしたお母さんをはじめとする多くの人が、「ちゃんとしていないこと」を「いけないこと。直すべきもの」ととらえています。

「おい、コラ、〝ちゃんと〟するのは当たり前やないけぇ！　ノロイとか言うんじゃねぇ！」と思われる方もいるかもしれません。

たしかに、子どもを育てるうえで、〝ちゃんと〟について教えることが大事なときもあります。たとえば、口をポカンと開け、シャツをピロピロさせ、チャック全開で就職試験の面接に臨めば、合格するのは相当難しいでしょう。そういう意味で、適切な場面において〝ちゃんと〟することは大事です。

しかし、その〝ちゃんと〟が過剰になり、いつの間にか「正義」となって家庭に充満したとき、〝ちゃんと〟はノロイに化けます。ノロイとして子育てにまとわりつき、子どもを、親を、追いつめ追いこんでいきます。その結果、〝ちゃんと〟以上に大事なことが削げ落ちてしまいます。

大事なのは「気持ちよさ」

〝ちゃんと〟が必要以上に溢れたとき、削げ落ちるのは、「気持ちよく過ごす」という安楽さです。家庭にとって優先されるべきは、〝ちゃんと〟ではなく、むしろその対極にある「気持ちよさ」です。

二十数年前の講師の先生は、池添素さんといいます。その池添さんが最近、『いつからでもやりなおせる子育て　第2章』[1]という本を出されました。そこでは、家庭における「気持ちよさ」の重要性が語られています。

池添さんは、朝ご飯はちゃんとしたものでなくていい、バナナ一本でも、お菓子でもかまわない、と断言します。実際、ご自身の息子さんも「ビスケットで育った」と書かれています。

もちろん、「ビスケット」と「白ご飯・味噌汁・おかず」とでは、どちらが〝ちゃんと〟しているか、栄養学的にどちらが優れているかは、池添さん自身、百も承知でしょう。

でも、だからといって、そこで〝ちゃんと〟を過剰に推し進めた場合、親にとっても子にとっても、「家庭で気持ちよく過ごす」ことが失われます。そのことのほうが、ビスケットの朝ご飯よりも大きな問題であると池添さんは主張されます。

しんどいなかで朝早く起きてご飯をつくる親は、無理に無理を重ねています。しんどさが積もります。そんなときに、子どもがご飯を食べなかったら、「ちゃんと食べなさい！」と言いたくなるでしょう。栄養が足りないという思いや、せっかくつくったのに……という思いから、〝ちゃんと〟を言ってしまうのも無理はありません。

そうすると、親子とも朝からご機嫌で過ごすことはできません。ぶつかります。イライラしたり、ドヨーンとしたり、罪悪感を抱いたりしながら、保育園や学校、職場に行くことになります。

そんな〝ちゃんと〟よりは、クッキーをほおばりながら、親子ともに機嫌よく過ごすほうがベターだというのが池添さんの主張です。とても共感します。

ちゃんとしなくても大丈夫

二十数年前のエピソードに戻りましょう。

最近やっと、「靴の色が違っても、いいですよね」という池添さんの言葉の真意が自分なりにわかってきました。池添さんは、親子の哀しみを見ていたのですね。

自閉スペクトラム症の子どもには、強いこだわりがあります。靴の色が違うのを、〝ちゃんと〟に縛られて同じ色にしようとすれば、障害のない子ども以上に、葛藤やトラブルが起きます。〝ちゃんと〟という正義のもとに、親も子どもも苦しんでしまう、そういう哀しみを池添さんは見ていたのでしょう。だからこそ、「違っても、いいですよね」という言葉が確信をもって出たのだと思います。

少し脱線しますが、このエピソードは、私にとって「専門家」の役割を考えるきっかけにもなりました。子どもをどう〝ちゃんと〟させるか、その工夫を親に伝えるのも専門家の仕事です。でも、「ちゃんとしなくても大丈夫」というメッセージを伝えることも同じくらい必要です。子どもの発達という時間軸を押さえたうえで、いまの子どもの行動の意味を説得的に説明し、気持ちよく過ごせる時間と空間を創り出すことも大事です。

もう少し踏みこんでいえば、「いま、ちゃんとしないこと」が、「未来永劫、ちゃんとしないこと」にはならないのです。逆に、**いま、子どもの「好き」を認めることが、この先、子どもが納得する〝ちゃんと〟につながっていくことがしばしばあります。**

まとめましょう。私たちは、子どものためを思って〝ちゃんと〟することを求めます。しかし、それが過剰な「正義」になった場合、「親子ともに気持ちよく過ごす」ことが消えていきます。でも、家庭って、本来、「ちゃんとしなくてもいい場所」でもありますよね。家庭でちゃんとしないことで、職場や学校・園で頑張るエネルギーを充電することができますし、家庭でちゃんとしなくてもいいからこそ、外ではちゃんとできるものです。

リビングに、いまよりちょっと「ちゃんとしなくてもいい」時間・空間をつくってみましょう。たまには即席ラーメンもいいでしょう。少しの野菜を切って卵を入れるだけで十分。子どもと一緒にそんな「料理」をすれば、それはそれは楽しい遊びになります。そしたら、あら不思議、きっと「気持ちよさ」の風が吹いてくることと思います。

［1］池添素『いつからでもやりなおせる子育て　第2章』かもがわ出版、二〇一九年

03

「やればできる」のノロイ

（2019・11）

少年マンガのメッセージ

みなさんは、子どもの頃、どんなマンガが好きでしたか？

私のような四〇代の男性であれば、「キャプテン翼」「キン肉マン」「ドラゴンボール」などの名前があがるでしょう。私よりもう少し若い世代であれば、これらの作品に加えて、「スラムダンク」「ワンピース」などがあがるのではないでしょうか。

これらのマンガに共通するのは、『週刊少年ジャンプ』に掲載されていたことです。子どもの頃、毎週月曜日になると、友だちがジャンプを買い、そのそばで食い入るように読んでいたことを思い出します。

そして、もう一つ、これらのマンガに共通する点があります。どれもストーリーが似ていることです。

すごく強い敵がやってきて、主人公は最初、コテンパンにやられる。でも、それにめげずにめっちゃ努力することで、信じられないくらいにパワーアップし、最後は敵をやっつける。そんなストーリーになっています（雑なまとめですいません）。

同じようなストーリーが続くということは、何か共通するメッセージがこめられているということですよね。それって何なんでしょうか？

それは、**「やればできる」**というメッセージです。「頑張ればできる」「努力すればできる」と言いかえてもよいでしょう。

「やればできる」「頑張ればできる」という発想は大事です。勉強は、誰もがわからないことを学ぶものです。「やっても無駄」と子どもが思っていれば、頑張って勉強しようとはなりません。「いまは分数の計算がわからない。でも、やったらできるはずだ」と思えるからこそ、子どもは頑張ろうとするでしょう。

「やればできる」と信じているからこそ、私たちは、先にあげたようなマンガに、「かっこいいなぁ」とか、「自分もそうなりたい」と思って共感を覚えてきたのでしょう。そして親になり、わが子のことを思うからこそ、自分の子どもにも、「あなたは、やればできる子なんだから」「あんたは、ほんとはやったらできるねん。お母さん、知ってる」などと叱咤激励したり、言い聞かせたりするでしょう。もしくは、このようなことをあらためて意識することがないほど、「やればできる」という価値観は私たちにとって当たり前になっています。

一見すると、もっともな声かけに思えます。しかし、この「やればできる」は、簡単にノロイに化けてしまうメッセージでもあります。

その理由は、シンプルです。**子育てには、「やってもできない」「頑張ってもできない」ことがたくさんあります。**「やればできる」のノロイにかかると、その当たり前のことが見えなくなってしまうのです。子どもにとって、その破壊力は甚大です。

折り紙ができるのは当たり前？

発達障害の一つである自閉スペクトラム症のある成人ミホさんのエピソードを紹介しながら、このことについて考えていきましょう。ミホさんに、「やればできる」「頑張ればできる」というメッセージに苦しんだエピソードについて語っていただきました。

ミホさんは、保育園や小学校のときの「折り紙」のエピソードをあげてくれました。

ミホさんは、折り紙で何かをつくることが難しかったそうです。「どう折ったらああいう形になるのか、子どもの頃は、できあがる様子を見ていても本当にわからなかった」と言います。「何をどうしたらいいかわからなくて、ほかの人がやっているのを見るのだけど、やっぱり何もわからない」と、手がかりすら見えてこなかったとのこと。頭のなかは必死に考えているのですが、手が止まってしまうそうです。

ところが、傍目には、「さぼっている」ように見えます。先生や多くの子どもにとっては、「紙飛行機をつくる」のは「簡単」なことですから。そのため、先生からは、「なんでやらないの？　みんなやってるよ」とよく声をかけられました。

ミホさんが「折りかたが、わからない」と言うと、先生を含めた周囲の視線が変わることが多かったそうです。「不思議そうに見る目」「あきれた視線」「不真面目、さぼってるだけちゃうの」というまなざし、などなど……（もっとも、このように言語化できたのは後になってからのことで、当時はしんどい気持ちだけが積もっていたそうです）。

また、小学校のときの「千羽鶴」をつくって医療機関に贈る行事のこともミホさんは語られました。ミホさんは、五年生までどうしても鶴を折ることができず、周囲から何度も「なぜできないの？」「やったらできるじゃない」と言われ続けたそうです。

できるようになったきっかけは、同級生の友だちがつきあってくれたことでした。五〇回チャレンジして、やっと鶴をつくれるようになったそうです。

でも、ミホさんは次のように語ります。

「みんな当たり前にできるのに、私は五〇回かかる。自分でもわりと傷ついているのに、みんなこう言うのです。『こんなこともできないの？』と」

「約束したからできる」わけじゃない

ミホさんの子ども時代のエピソードから、気づかされることがあります。

それは、「やればできる」というメッセージの怖さです。

一見すると、「やればできる」は、子どもを励ます言葉であり、よい印象を与えます。しかし、「やってもできない」場合、そのメッセージがノロイに化けます。

とくに、親や教師が「できて当然」と思ってしまっている場合、ミホさんが語ったエピソードのように、「なんでできないの？　こんな簡単なのに」と、周囲は「普通に」思います。さらに、「なんでできないの？」は、「頑張ってない」「さぼってる」と子どもを否定的に見るまなざしにつながります。ミホさん自身はとても悩み、頑張っているにもかかわらず、です。

結果として、子どもの生きづらさが生まれます。

実際、発達障害の当事者の方が出版された手記を見ると、

「やればできる」と激励され

↓

「なのに、なんでできないの？」と思われ

↓

「あきれられ」「さぼっている」とみなされ

↓

頑張っているのに「生きづらさ」につながる

というしんどいエピソードがしばしば書かれています。

もちろん、これらは、発達障害の子どもに限ったことでは決してありません。どの親にも、どの子にも降りかかってくるノロイです。

以前、私がショッピングモールで、一人でご飯を食べていたときのことです。隣に三歳くらいの子どもとお母さんが座っていました。

その子どもは、ポテトを食べることに夢中になっていました。そのせいで、手に持っていたジュースの入ったコップを傾けすぎ、ジュースをこぼしてしまいました。

するとお母さんは、「こぼしたらあかんでしょ。気をつけなさい！」と一喝。子どもは、「もうちません」と言って、お母さんと、こぼさないことを約束します。しかし、またもや、子どもはポテトに夢中になり、手に持っていたコップが傾く……。悲劇は繰り返され、ジュースがこぼれました。お母さんは、「約束したばかりでしょ！　なんでこぼすの!!」と怒ります。子どもはとうとう泣いてしまいました。

気にするほどのエピソードではないかもしれません。それに、お母さんがこう言いたい気持ちもよ～くわかります。

うちの息子が、四歳のときのことです。私がお風呂に入る前に、息子に「テレビ録画してるから、（リモコンの）このボタン、絶対押したらあかんで」と強く言い聞かせて、約束し、お風呂に入りました。その三〇秒後、息子が泣きながら、「押しちゃった～」とお風呂に……。あぁ、さっき言ったところなのに……。私自身、こういったことがよくあります。

ですので、あまり偉そうなことは言えないのですが、この親子のエピソードも、「やればできる」のノロイだよなぁ、と思います。

お母さんは「約束したからできる」と思っています。だからこそ、「なんでできないの！」と怒っているのでしょう。「やればできる」と思っていると、子どもができていないとき、ついつい「なんでできないの」→「さぼってる」→「もっと頑張りなさい」のループに入ってしまいます。親も子も頑張っているのに、なんかしんどいなぁ、息苦しいなぁ、となりがちです。

「やればできる」のノロイを解くカギは、どこにあるのでしょうか？

「努力は夢中に勝てない」

二つカギがあります。

一つ目のカギは、**子どもには「やってもできないことがある」「頑張ってもすぐにはできないことがある」という当たり前の事実を認識する**ことです。約束したからといって、子どもはすぐにできるわけではありません。「リモコンのボタン、押さないように」と約束したら、はっきりいって、幼児はめちゃくちゃ押したくなりますよね（笑）。

当たり前のことではありますが、忙しい日常のなかで「できる」ことを追い求めると、ついついおろそかになってしまう視点です。そもそも子育てとは、「思い通りに事が運ばない」営みです。「やってもできないことがある」という寛容さや、いい意味でのあきらめをもたないと子育てはできません。

もちろん、「未来永劫できなくてよい」「『できること』はどうでもよい」と言うつもりはありません。何より、当の子ども自身が、「できるようになりたい」という思いを強くもっているからです。ここで言いたいのは、子ども本人ではない他人（親も他人です）が、勝手に、「やればできる」基準を設定し、そこに向けて頑張らせることは危険ですよね、ノロイになりますよね、ということです。

二つ目のカギは、**家庭のなかの「やればできる」「頑張ればできる」といった価値観を薄くする**ことです。

とくに幼児期の子育てでは、これは大事な視点になります。もっといえば、「やればできる」ところから距離を置いて、それよりも、「好き好き好き〜！」という〝夢中〟を家庭のなかに転がしておくことが、子どもの生きやすさにつながるという提案です。

この点について、元プロ陸上選手である為末大さんの「努力は夢中に勝てない」という言葉をお借りしながら説明します[1]。

わが息子の最近のマイブームは、『コロコロコミック』。そう、小学生の男子を通過した多くの大人が一度は手に取ったであろう漫画雑誌『コロコロコミック』です。チンコがどうとか、うんちがドカーンとか、はっきりいって、どうしようもなくくだらない、最高の雑誌です。くだらないのですが、なぜか手に取って、はまってしまうのです。

しかし、わが息子は、一味違いました。はまったのではなく、ドはまりしました。朝起きてコロコロ、学校から帰ったらコロコロ、寝る前にコロコロ、休みの日もコロコロ。嬉しいときもコロコロ、疲れ果てたときもコロコロ。「四六時中」という言葉はこの状況を形容するためにあったのか！　と思うほど、常にコロコロです。ニヤニヤしながら何度も何度も読みます。そして、あまりにも楽しすぎたのか、私に名シーンを何度も読み聞かせします。おかげで私もだいぶくわしくなりました（笑）。

……と、まぁ、楽しそうで何よりなのですが、三ヵ月ほど経過して、面白いことが起こりました。読むスピードが飛躍的に速くなったのです。

当初は、たどたどしく音読したり、読み間違えたり、文字を読まずに雰囲気で楽しんでいたのですが、音読でスラスラ読めるようになりました。当然、私への読み聞かせも流ちょうに！　最初は、一冊読み通すのに九〇分ほどかかっていたのですが、いまは、四〇分ほどで読めるようになりました。

もっとも彼は、「音読を努力しよう」と思っていたわけではありません。「夢中」になって読んでいただけです。宿題を出されて「頑張って」音読していても、もしくは、「あなたはやればできる！」と言われてやったとしても、ここまでの力はつかなかっただろうなぁ、と思います。「努力は夢中に勝てない」のです。

もっといえば、音読が速くなくても、別にいいかなと思えます。コロコロをニヤニヤしながら読んでいる息子の姿が素敵すぎるからです。

「夢中になるとき、人は躍動する」。あそび研究者、河崎道夫さんの言葉です。息子を見ているとこのフレーズが浮かんで、嬉しくなってきます。

「やればできる」と、子どもを叱咤激励することも大事です。でも、それは、幼稚園や学校が、放っておいてもやってくれます。幼稚園や学校で、子どもは、とっても頑張っています。そんな幼稚園や学校から帰ってきたお家では、「やってもできないこともある」という寛容さと、「できる・できない」から距離を置いた夢中さを、リビングにそれとなく転がせておけるといいなぁ、と思います。

[1] 為末大著、まつおかたかこ絵『生き抜くチカラ―ボクがキミに伝えたい50のことば』日本図書センター、二〇一九年

コラム1

発達障害をとらえる視点

発達障害とは

発達障害については、本当にたくさんの情報があふれています。本はもちろんのこと、ネットで「発達障害」と打ちこむと、発達障害の特徴について多くの情報を得ることができます。そのため、本書で改めて発達障害について説明する必要はないかもしれません。

ただ、発達障害のとらえ方については、専門家の間でも考えが分かれています。たとえば、「発達障害はできる限り早期に治療すべき」という専門家もいれば、「発達障害の子どもはありのままでよい」と考える専門家もいます。もちろん、専門家に限らず、保護者や現場の先生も、とらえ方はさまざまです。

どのとらえ方が一番正しいと、簡単には言えません。そのうえでとなりますが、発達障害についての私の見方を知っていただくことは、本書の内容を理解するうえでの助けとなるでしょう。そこで、私が発達障害や発達障害のある子どもをどのようにとらえているのかについて、このコラムで語っていきます。

発達障害の一般的な定義は、「脳の機能が生まれつき多数の人と異なるために、日常生活を送るうえで著しい困難を抱える障害」です。また、発達障害と一口にいっても、そのなかには、さまざまな種類があります。代表的なものとしては、①自閉スペクトラム症、②学習障害、③ＡＤＨＤ（注意欠如・多動性障害）、④知的障害があり、それぞれ特徴が異なります。

自閉スペクトラム症は、コミュニケーションの困難や、こだわりがあります。加えて、感覚過敏の特徴がみられやすい障害です。自閉症スペクトラム障害と呼ばれることもあります。

学習障害は、全般的な知能の遅れがないにもかかわらず、読み書きや計算など特化した領域に困難を抱える障害です。

ＡＤＨＤは、一つのことに集中するのが難しくて気が散りやすかったり、じっとしていられないといった落ち着きのなさがしばしばみられます。同時に、思ったことをそのまま口にしたり、行動に移してしまうような衝動性もよくみられます。

知的障害は、知的発達が同じ年齢の子どもに比べて遅れており、そのために生活するうえで困難がみられる障害です。

このように、同じ発達障害でも種類によってその特徴が異なるために、ひとくくりにはできません。それぞれの障害についてよりくわしく知りたい方は、専門書をご参照ください。

発達障害のとらえ方

私が発達障害をどのような視点からとらえているのかについて、これまでの知見を参考にしつつ、述べてみます。私は、大きくは次の三つの視点で、発達障害、および発達障害のある子どもを見ています。

✤発達障害を「違い」としてとらえる——多様性という視点

一つ目に私が大事にしているのは、発達障害を「違い」としてとらえる視点です。「多様性」と言い換えてもよいでしょう。

これまでは、発達障害を「できなさ」「欠けている」ととらえることが主流でした（いまでも、そうしたとらえ方がないわけではありません）。たとえば、「コミュニケーションができない」とか、「人と目が合わせられない」「じっとできない」といったふうに、とらえられていました。そのため、支援も、その人の「できなさ」を「できるように」するという支援が主流でした。

しかし、最近では、「できなさ」ではなく、「違い」としてとらえようとする見方が強くなっています。「コミュニケーションの仕方が多数派とは異なる子」ととらえたり、「じっとできない子」ではなく、「動きながら考えている子」ととらえるのです。そのため、支援も、お互いがわかりあったり、通じあいやすい方法を一緒に考えるようなものへと変わりつつあります。とはいえ、まだまだ、多数派に合わせるという支援の方向性も強いのですが……。

さらにいえば、その違いを、「面白い」と受け止められるといいなと思います。たとえば、ある子どもは、遠足で動物園に行ったとき、動物の「しっぽ」に強烈に関心をもち、絵を描くときも「しっぽ」ばかり描いていました。それを「変」「なおさないと」「ようわからんなー」と考えるのではなく、「そうきたか！」「なんか面白いね！」と思える感性をもちたいものです。想定外をお互いに面白く感じられることが、それぞれが生きやすい環境をつくることにもつながります。

このような「違い」を面白がる視点については、視覚障害をテーマにした絵本

『見えるとか見えないとか』[1]が秀逸です。ぜひご一読ください。

✤発達障害の特性は「変わる」——発達という視点

二つ目に私が大事にしているのは、「発達」という視点です。

発達障害の特性について学ぶと、知らず知らず固定的な見方をしてしまいがちです。たとえば、「感覚過敏がある」ことを知ると、感覚過敏にどう配慮するかのみを考えがちで、その特徴は「変わらない」と考えてしまいます。

しかし、発達障害のある子どもたちの育ちを長期間にわたって見ていると、障害特性自体はありつつも、その特性は「変わる」なぁと実感します。たとえば、幼児期には味覚過敏のため偏食が強く、お寿司屋さんに行っても「イカ」しか食べられなかった子どもがいました。「イカ」だけを一〇皿食べるのです。でも、成長していくにつれて、マグロ、ハマチ、ホタテなどを食べられるようになっていきました。ちなみに、なぜか「エビ」はいまだにダメだそうです。ほかにも、「白ご飯にしょうゆ」だけしか食べられなかった自閉スペクトラム症の子どもが、大人になっていくにつれて、さまざまな種類のおかずを食べられるようになる、といった姿はよくみられます。

発達障害のある子どもとかかわる際に、支援者は、「発達障害だから〇〇」というように、あまり固定的に見ないことが大事です。とはいえ、無理に障害特性を変えようとしないほうがよいでしょう。障害のある子どもが、安楽な生活のなかで「変わる」。子どもを「変える」のではなく子どもが「変わる」、そういう視点で気長に生活するほうが無理がないだろうな、と思います。

ちなみに、ADHDの診断を受けており、ご自身で自閉スペクトラム症の傾向もあると判断されている発達障害当事者の借金玉さんは、「障害は治るわけではないが、生活を工夫していくなかで楽しめることが増える、それが発達だ」と述べています。単純に「能力が向上」するというのとは違う発達観で、素敵だなと思います。くわしくは、借金玉さんの著書『発達障害サバイバルガイド』〔2〕をご覧ください。具体的ハウツーも満載で、参考になります。

✤発達障害の特性の表れは、環境によって変わる——環境という視点

三つ目は、発達障害のある子どもの特性の表れは、環境によって変化するという視点です。

特性は、すぐに変化するわけではありません。しかし、環境によってその様子は変化します。むしろ、障害のない子どもの場合よりも、環境によって変化しやすいのではないでしょうか。

発達障害についてのテキストを開くと、「自閉スペクトラム症＝こだわりが強い」とか、「ＡＤＨＤ＝多動」などと出てきます。たしかにそのような傾向はあるのですが、しかし、こだわりの強さや多動性は、環境によって大きく変わります。

典型的にいえば、負担がかかっているときは、こだわりが強くなります。たとえば、運動会や生活発表会などの行事は、子どもにとって楽しいことも多いけれど、ストレスも大きく、こだわりが強くなることがしばしばみられます。ある自閉スペクトラム症の子どもは、運動会前にはいつも以上にトイレのスリッパの位置にこだわり、何度も何度も確かめにいく姿がみられました。しかし、運動会が終わると、朝、少し確認するだけで済むようになりました。

こんなとき、「こだわりをどうするか？」と悩むのではなく、「生活をゆっくりにしたほうがいいかな？」と考えるほうが生産的です。何より、子どもにとっても保護者にとっても楽ちんだと思います。生活を整えるという視点を大事にしたいものです。

障害だけを見ない――「目の前の〇〇ちゃん」を見る

私としては、発達障害を、「違い」「変わる」「環境」という視点でとらえていることを書いてきました。もう一つだけ追加したいことがあります。それは、「障害だけで子どもを見ない」ということです。

障害について学べば学ぶほど、子どもを「障害」の視点で理解したくなります。「お、あの子が泣いているのは感覚過敏によるものだ」とか、「いまのは、いわゆるクレーン現象ですね」などです。たしかに、障害について学ぶことで、子どもが「見えてくる」ことはあります。だからこそ、障害理解は重要です。

ただ、「目の前の〇〇ちゃん」は、決して障害だけで説明・表現される存在ではありません。むしろ、障害とは直接の関係がないことも多いです。

たとえば、知的障害と自閉スペクトラム症をもつある子どもが、すごく不安定な状態が続きました。保護者や先生は、「感覚過敏のため？」「コミュニケーションの障害？」などと考えていましたが、結局わかったのは、「歯痛」が原因だということでした。障害特性だけを考えていると、どうしても、「当たり前」のことがおろそかになる場合があります。

障害について学ぶことや障害の視点をもつことは、とても大事です。同時に、「ともに生活している目の前の〇〇ちゃん」として子どもを見る視点を失わないでいたいなと思います。

[1] ヨシタケシンスケ作、伊藤亜紗相談『見えるとか見えないとか』アリス館、二〇一八年

[2] 借金玉『発達障害サバイバルガイド―「あたりまえ」がやれない僕らがどうにか生きていくコツ47』ダイヤモンド社、二〇二〇年

04 「カダイ」のノロイ（2019・12）

家ではすごくないお父さん

寒くなってきましたねぇ。

わが家は、夏はシャワーで済ますことが多いのですが、さすがにこれだけ寒くなると、湯船にお湯をはります。なんとか家に早く帰れたときは、息子とゆっくり湯船につかります。なんとも楽しいひとときです。

お湯につかり、からだがほぐれてくると、心もほぐれてくるのか、いつもとは違うやりとりになることがあります。子どもの普段とはちょっと違う顔が見えます。「プッ」としたり、「エッ」となったり。

たとえば、息子が六歳のときの冬。お風呂のなかで、なぜかクイズ合戦が始まりました。まずは、私が、「ご機嫌なときは、スキップしながら腕をぐるんぐるん回して、鼻歌をフンフン歌ってる人はだ〜れだ？」とクイズを出します。すると息子はちょっと考えて、「ぼく……？」。はい、正解！

でも息子は自覚がないようで、「そうかな……」と確信をもちきれていない様子。いえいえ、そうです、めちゃくちゃあなたです（笑）。嬉しいときは、全身で表現してますから。

次は、息子の番です。息子、少し考えて渾身の問題を出しました。

「家ではすごくないけど、大学ではすごい人、だ〜〜れだ？」

ズコッとなりながら、「お父さん」と答えます。

息子は「正解！」と言いつつ、「なんでわかったんかなぁ」と不満そう。いや〜、めっちゃわかりやすいです（笑）。大学に何度か連れていったときに、私が学生から「先生」と呼ばれたところを聞いていたのでしょう。大学に連れていってよかったとマジで思いました。

さらに続きがあります。その数日後、お風呂から出て着替えているときに、息子がふと口を開きました。

「なんで、お父さんは、家ではすごくないの？」

え？　いや……。すごいとかすごくないというよりも、普通というか、ダラダラしているだけというか……。ゴニョゴニョごもってしまいます。

すると息子が、ニヤニヤしながら、「お父さん、恥ずかしいんでしょ〜」と一言。どうも、息子的には「家ではすごいと恥ずかしいので、わざとすごくない姿を見せている」と思っている様子。オォ、そういう発想があるのか！　と、子どもの発想を知って笑みがこぼれます。子どもとのお風呂の時間は、私にとって特別な時間です。

ある子育て講座にて

さて、いつもながら前置きが長くなりました。今回のテーマは、**「カダイ」のノロイ**です。カダイ？……そう、「課題」です。「課題」には、「仕事の課題を解決する」というように、「解決しなければいけない問題」という意味があります。

ある保護者（ひさみさん）のお話を聞いたのがきっかけで、今回、「カダイ」に注目しました。障害のある高校生の青年（そうすけくん）をもつ保護者さんのお話です。

そうすけくんは、知的障害と自閉スペクトラム症をあわせもっています。そうすけくんの障害がわかったのは、四歳の頃。ひさみさんは、わが子のために何かできることはないかと考え、障害児をもつ保護者を対象とした連続子育て講座に通われたそうです。

この講座は、障害の理解や、障害のある子どもへのかかわり方などについて学ぶというものの。

講義の終わりには、次回に向けての「宿題」が出されたそうです。それは、「自分の子育ての課題を考えて、それに対して自分なりに取り組んだことを発表する」というものでした。

当時、ひさみさんは、このような宿題に対して疑問も抱かず、むしろ熱心に参加されたとのこと。想像するに、保護者の方々は次のような「課題」をみずからに課し、解決しようと努力されたのではないでしょうか。

「いまは子どもをほめられていない。だから、一日三回はほめるようにする」
「子どもの社会性を伸ばす子育てを実行する。そのために、お手伝いの場面を設定する」
「子どもの言葉の発達を促す。そのために、たくさん話しかける」

このような努力は、親が子育ての技術を上達させるうえで、とてもよいことのように思えます。さらには、子どもの成長・発達にとって、よい影響がありそうです。ひさみさんが、わが子を少しでも伸ばそうと思って、このような子育て講座に参加されたこともよくわかる気がします。

子育ては、うまくなったほうがいい……？

ところが、ひさみさんは、息子さんが高校生になったいま、「本当にこの講座を受けてよかったのか、よくわからない」と、つぶやきました。

この一言は、すごく印象に残っています。ひさみさんのつぶやきを聞いた瞬間、「え！　まじで？」という驚きと、「やっぱそうですよね」という共感とが、自分の心のなかに、入り混じって入りこんできたからです。

「え！　まじで？」という驚きについては、説明するまでもないかもしれません。繰り返しになりますが、子育てが上手になったほうが、いいことだらけに思われるからです。それに、子育てや子どもの発達には、「課題＝解決しなければいけない問題」が多くあります。その課題を解決するのは、当然ともいえます。

実際、障害児の子育てにおいては、「ペアレント・トレーニング」が注目されています。

子どもをほめる方法や、子どもの問題行動への対応を具体的に学んでいく訓練プログラムです。

また、親を「共同療育者」としてとらえ、専門職とともに、子どもの発達を伸ばそうとする考え方もあります。

とても大事だと思います。なのに、ひさみさんは、「この講座を受けてよかったのか、よくわからない」とつぶやくのです。驚きます。「必要でしょうぅぅ!!」と、思ってしまう自分がいます。

子育てとカダイ

でも、ひさみさんのつぶやきに、親としても、研究者としても、どこか共感してしまう自分もいます。

一言で言えば、**子育てに「カダイ」を持ちこむことに、どこかザワザワしてしまう**のです。

ザワザワの正体は、三つに分けられます。

一つ目のザワザワは、子育てに「カダイ」なるものを持ちこむことで、「やればできる」のノロイ(第3章参照)にかかる恐れです。課題というのは、文字通り「できない」ことから出発し、それをいかに「できる」ようにするかに重点が置かれます。しかし、そうなると、子どもを「できる - できない」のモノサシだけで見てしまい、「できないけど考えている」といった、それ以外のモノサシで子どもを見ることが難しくなります。

二つ目のザワザワは、コントロールする対象として子どもを見ることにつながる、という懸念です。家庭のなかに「カダイ」が多くもちこまれるとき、それも、その「カダイ」を子どものなかに見るとき、「こうかかわれば、子どもはできるようになる」という発想になりがちです。そして、それが「うまく」いけばいくほど、危険です。「子どものカダイ」を自分は解決できるという親の感覚が強くなるからです。

これは、一見、よいことのように思えます。親としての自己肯定感も高まりますし。だからこそ、厄介なノロイです。自分の子育てが、子どもの発達を促せる、もっと言えば、子どもをコントロールできると錯覚してしまうからです。

しかし、少し考えればわかりますが、そもそも、他人をコントロールすることはできません。機械の操作のように、「こうすればこうなる」と言えるほど、子育ては単純ではありません。子どもを親の思うように育てることはできません。

「カダイ」解決が順調にいっているうちはよいかもしれません。しかし、遅かれ早かれ、そううまくコントロールできないときがきます。そのとき、親は、「なぜ、うまくいかないの？」と自分をノロい、同時に、子どもへの〝あたり〟が強くなります。しかし、繰り返しますが、子どもをコントロールすることはとても難しいです。その前提を、「カダイ」というノロイは隠し、親と子どもを追いつめていきます。

三つ目のザワザワは、安楽さが家庭のなかから消えてしまう不安です。「できるようにすること」「子どもをコントロールすること」よりも深刻です。想像してもらえばわかるかと思いますが、もし、家のなかが「カダイ」であふれているとすれば、どうにも窮屈になってしまうでしょう。

家では、お母さんもお父さんも子どもも、すごくなくてＯＫ。家は安心できて楽しい居場所だという、当たり前すぎて気づかなくなっているくらい当たり前のことがじわじわ削り取られていくことが、「カダイ」の怖さであり、ノロイです。

「カダイ」のノロイを解くカギ

とはいえ、「コントロールしてでも、安楽さが家庭から消えても、子どもが〝できる〟ようになったほうがええやん！」と思うかもしれません。

もちろん、そういう場面も必要かもしれません。しかし、それが充満することが、結果として自分たちの首を締めることになります。

では、「カダイ」のノロイを解くためのカギは、どこにあるのでしょうか？

大きくは二つあります。いずれも、「カダイ」とは異なるモノサシを家庭のなかに取り入れることです。

一つは、**「安心感」というモノサシ**です。

安心感とは、私なりに言いかえれば、「すごくてもすごくなくても、どうでもよい」「できてもできなくても、どっちでもＯＫ」という空気感のことです。そういうホッとした感じになることは、学校や会社では難しいでしょう。家庭の意味や価値というのは、「すごくない」自分でいられるところにあります。家庭がそうであるからこそ、学校や会社で「すごく」なれるように、頑張るエネルギーが湧いてきます。

そろりそろりでいいので、家庭でダラッとしてみてはどうでしょうか。そこに罪悪感があるのであれば、「今日は、外出しないパジャマデイ」「ズボンのチャックをダラッと開けるオープンデイ」などと適当に名づけてみると、イベントっぽくなり、〝ええ感じ〟になるかもしれません。

もう一つは、**「充実感」というモノサシ**を、手にもってみることです。

そうすけくんは、現在、太鼓サークルに入って楽しく活動しています。そこでは「課題を解決しなければ！」的な雰囲気はなく、楽しく、かつ、集中して参加しているそうです。楽しみを追求・満喫することが一番の目的であって、「カダイ」とは距離を置いた贅沢な時間です。

家庭でも、子どもの楽しみを追求することを、親も一緒に楽しんでもいいかもしれませんね。幼稚園や学校で、否応なしに「カダイ」は降りかかってきていますし、そこで子どもは頑張っています。その頑張りを大事にしつつ、家庭では「できる」とか「意味のある」というところから距離をとって、「充実」につながることを探してみてはどうでしょう。ダンゴムシを毎日取りにいってもいいし、ポケモンカードを一緒にやり続けてもいいでしょう。

ちなみに、私のゼミの学生（ヒキタくん）は、**四歳の頃、硬い米粒を部屋のなかにいっぱいばらまくという謎な遊びを夢中になって毎日繰り返していた**そうです。ヒキタくん自身も、「なぜそんなことをしていたのか意味不明」と振り返っていました。

そこで、ヒキタくんにお願いして、事情を知るおばあちゃんに、そのときの様子を聞いてもらいました。おばあちゃん、なんと、部屋に新聞紙をしいて、ダイナミックに米粒をばらまけるようにしていたそうです。でも、掃除は大変なはず。なぜ、そんなことをしたのか尋ねると、「お米を投げる姿が何だかかわいくて、止められなかったの」と話されました。

米粒投げの意味は最後までよくわかりませんでしたが（笑）、米粒を投げまくる当時のヒキタくんが躍動していたことだけは、はっきり想像できました。おばあちゃんも躍動する孫を見て、かわいくて仕方がなかったんだと思います。

「カダイ」から上手に距離をとる

「子育て講座を受けてよかったのか、よくわからない」というひさみさんのつぶやきは、「カダイ」解決とは違う子育てや、幸せの形があることを教えてくれます。

もちろん、課題解決に向けて子育てすることを否定するわけではありません。それに、ある時期になると、子ども自身が課題を設定して、そこに向けて頑張ることもあるでしょう。

そのうえでの話になりますが、「カダイ」解決とは異なるモノサシをもつことが、「カダイ」をどうにも解決できないとき、親と子を救うことにもつながっていくと思います。何より、米粒投げのように、「カダイ」から距離があるところに、家庭の意味と価値があるのです。

05

祈ること、“にもかかわらず”笑うこと

（2020・1）

星野源さんのお母さん

ここまで、子育てにまつわるさまざまなノロイについて触れてきました。しかし、そろそろ（早くも？）、「ノロイ」のネタが尽きてきました。「〇〇のノロイ」というタイトルが全然思いつきません……。あぁ。

ということで、今回は、「ノロイ」から離れます。加えて、「発達障害」のテーマからも離れて、思ったことをつらつらと書いてみます。

大晦日に紅白歌合戦を観たこともあって、久しぶりに星野源さんのエッセイ集『そして生活はつづく』[1]を手にとりました。さまざまなエッセイが収められているのですが、そのなかに、星野さんのお母さん（ようこちゃん）に関するエピソードが載っていました。長くなりますが、雰囲気がよく伝わるので、星野さんの文章をそのまま抜き出します。

八歳の頃、夕方に家でぼんやりテレビを観ていたら、外からトラックのエンジン音とともに拡声器から流れる「たけや～、さおだけ～」という竿竹屋の呼び声が聞こえてきた。するとようこちゃんはスッと立ち上がって言ったのだ。

「行かなきゃ」

え？　と訊き返すと、ようこちゃんは私の肩を抱き、

「ようこちゃんね、実は『たけやさおだけ星』という星の王女なの」

と言った。もちろん信じた。

「そうなんだ！」

「迎えに来たみたい……帰らなきゃ」

「え、どういうこと？」

「さようなら！」

そう言い残してようこちゃんは出て行ってしまった。

家に一人残された私は、もう二度と会えないんじゃないかと思って泣いた。しかし一時間ほどして、ようこちゃんはスーパー「マルエツ」のビニール袋をぶら下げてあっさり帰ってきた。

「ただいまー」

「……ようこちゃん！　ようこちゃんが帰ってきた！」

「途中で宇宙船が壊れたから、スーパー寄って帰ってきちゃった」

その言葉を聞いて、私は飛び上がって喜んだのだった。

なんともまぁ、おもしろいお母さんですね。「たけやさおだけ星」の王女！　すごい設定です（笑）。

そして、八歳でだまされる星野さん。小学二年生か三年生ですから、普通はそう簡単にはひっかからないはずです。ということは、小さい頃から、お母さんに面白くだまされ続けていたのでしょう。

ほかにも、お風呂場で、お母さん（ようこちゃん）が「キャー‼」と叫ぶのを星野少年が聞きつけ、急いでお風呂場に向かうと、「吸い込まれるー！」と、排水溝に吸い込まれそうな演技をしていたというエピソードも綴られていました。す、す、すごいですね。

……と、ここだけ読むと、「まぁ、おもろいおかんやなぁ」という印象です。それに、こういうおかんは結構いそうです。「あー。わかるわかる」と思って、ニヤニヤしながら読んでいました。

しかし、読み進めていくうちに印象がガラッと変わりました。

大人になった星野さんが、ようこちゃんに、当時、なぜこんなバカバカしいこと（ほめ言葉です。あしからず）をしたのか尋ねました。すると、ようこちゃんは、次のように語りました。

「だって、学校行って帰ってくるたびに源の顔が暗くなっていくんだもん。それを無理に頑張れって言うのも嫌だし、だからせめて家の中だけは楽しくいてもらおうと思って、いろいろしたの」

星野さんは、小学生の頃、いじめられ、精神的にしんどくなっていたそうです。そんな元気のなかったわが息子を見て、なんとかしたいという思いから、バカバカしいことを日々実行していたのでしょう。ええおかんです。

親が子どもにできることは、あんまりないとしても

とはいえ、ちょっとよくわからないこともあります。

「元気出して！」と直接、励ましてもいいですよね。それに、いじめのことなら、学校にきっちりかっちり伝えて対策をお願いすればいいはずです。

なのに、あまり、というか、まったく役に立たないアホみたいなことを連発したのはなぜなのでしょう。

……ここからは推測ですが、でも、たぶん、この推測は間違いなく当たっています。

ようこちゃんは、祈っていたんだと思います。息子が、少しでも笑顔になるように、祈っていたんだと思います。

親が子どもに直接してやれることは、案外、少ないものです。とくに、子どもが、幼稚園や学校に行き始めると、本当に少なくなります。学校にトボトボと歩いていくわが子の後ろ姿を、こっそり見守ることくらいしかできません。いじめっ子をみずからやっつけるわけに

もいきません。それに、直接、励ましても、逆効果になる場合があることも、親はよく知っています。

でも、何もできないわけではありません。祈ることができます。

もちろん、すべての親が、どこかの星の王女や王子になる必要はありません。祈り方はさまざまです。子どもの大好きなおかずを用意する祈りもあれば、登下校で身につけられるネックウォーマーを編む祈りもあるでしょう。一秒でも早く家に帰って、ポケモンカードバトルを一緒にする祈りもあるでしょう。

心配は心配です。めっちゃ心配です。でも、その顔を見せず、ご機嫌に晩ご飯をつくり、穏やかに編み物をして、バカバカしく遊び、笑顔をリビングに転がします。

子育てにおける祈りとは、言い換えれば、「心配〝にもかかわらず〟笑う」「悲しい〝にもかかわらず〟笑う」「もどかしい〝にもかかわらず〟笑う」といった、「〝にもかかわらず〟笑う」行為なのかもしれませんね。

祈りは子どもに届く

読者のなかには、「祈ったからって、何になんねん！ それより、もっと、効果的な子育て方法を教えてくれよ」という方もおられるかもしれません。

たしかに、祈りには、「すぐに何かの役に立つ」という即効的な効果はありません。でも、その祈りは時間を超えて、じわじわと、子どもに届きます。

再び、星野さんの文章に戻りましょう。

私は小学校の頃、ちょっとしたいじめにあっていた。それがきっかけで神経性の腹痛に悩まされ、そしてそれは今でも続いている。だからその頃のことはあまり思い出さないようにしていた。嫌な思い出だったのでとにかく忘れたかった。

（中略）

その晩、一人で昔育った町をうろついた。通学路や学校、よく行っていた本屋や公園など、懐かしい風景を眺めながら歩いた。しかしいつまでたっても学校であった嫌な出来事はフラッシュバックすることなく、代わりに先ほど書いたような家の中での親とのバカな出来事ばかりをどんどん思い出してきたのだ。

てっきり悲しい思い出ばかりだと思っていたのに、実際に思い起こされるエピソードは親にだまされ遊ばれたという、バカで、くだらなくて、楽しいものばかりだった。

私はそういったことをほとんど忘れてしまっていた。そして、学校での辛い体験を思い出さないようにすることで痛みを増幅させ、「私は心に傷を負った人間です」と思い込もうとしていたのだ。そして私はそのとき初めて、自分は「そんな人間」だったんだということに気づいたのである。

ようこちゃんの祈りが届いていることがよくわかります。

子育ては、「英語が話せるように」「背泳ぎが上手になるように」「自信満々に生きていけるように」など、子どもに能力やスキルを教えこむ営みだけではありません。それなら、幼稚園や学校と同じです。子育てと教育は違います。

子どもの笑顔を願って、祈ること、そのこと自体がかけがえのない、価値ある子育ての営みであることを、星野さんのエッセイは教えてくれます。

そして、祈りは、ノロイをも解きほぐしていきます。星野さんがかかっていたのは、「自分は心に傷を負っている」というノロイです。今風にいえば、トラウマです。

その厄介なノロイを、「たけやさおだけ星」の王女の祈りが、やわらかくほどいていくのです。祈りの効果はある意味絶大です。暴露療法よりも優れていそうです（笑）。

もっとも、ようこちゃん含め、どの親も、祈っているときは、効果なんて考えていないと思います。ただただ、祈るのみです。でも、子育てって、それ以上でも、それ以下でもないのかもしれず、そういうもんかもしれませんねぇ。

みなさまの子育てが、素敵な一年に包まれますように。

［1］星野源『そして生活はつづく』文春文庫、二〇一三年

06 「コトバ」のノロイ（2020・2）

話すことができない＝社会の役に立たない？

今回は、相模原障害者施設殺傷事件について考えます。

二〇一六年、津久井やまゆり園という障害者施設に、元施設職員（以下、「加害者」とします）が侵入し、一九人の知的障害者を殺害し、二六人の知的障害者・職員に重軽傷を負わせました。戦後最悪の殺人事件の一つです。二〇二〇年一月に加害者が裁判を受けたことも

あって、記憶を新たにされた方も多いかと思います。

私は、くわしい事情を知っているわけではありません。本やネットニュースを通じて知っているだけです。

それでも、やまゆり園の当時の状況を想像すると、暗うつたる気持ちになります。

気が重くなるのは、多くの障害者が、かつて職員だった者に殺されてしまったからです。しかし、それだけではありません。加害者が障害者に対して、「殺すか殺さないか」の基準を持ちこんでいたことに、さらに気が重くなりました。加害者は、障害者が「話せるか、話せないか」ということを、殺すかどうかの基準にしていたのです。

話すことができなければ殺す、話すことができれば殺さない……。

ゾッとします。障害者が殺されたこととは違う意味で、すごくゾッとします。単に「障害者だから殺す」とは違う何かを感じます。

なぜ、加害者は、このような基準を設定したのでしょう？

彼の言葉を借りれば、「こいつら生きていてもしょうがない」からです。話すことができない障害者＝社会の役に立たない人間と断定したのでしょう。

これは、前に紹介した「できるのがよい」というノロイが純化したものといえます。「話すことができるのがよい」というのは、逆にいえば「話せないのはダメ」ということです。

そして、その「ダメ」を極限まで突きつめれば、「生きていてもしょうがない」という発想につながります。

もちろん、加害者の発想は極めて特殊です。しかし、同時に、私たちの心のなかにある「できるのがよい」という常識ともいえる価値観と地続きであることも事実です。そういう意味で、私は、彼にゾッとしただけでなく、自分や自分の生きる社会にゾッとしたのかもしれません。

「できるのがよい」とは違うモノサシをもって、子どもを見つめられるかどうかが問われています。しかし、この価値観は、空気のように当たり前に漂っていて、そのノロイをほぐすのは簡単ではありません。

「できる - できない」以外のモノサシや、「できる - できない」の間にある子どもの気持ちを丁寧に見つめるモノサシをもてるかが、厳しく突きつけられています。

対話を続けたら

やまゆり園の事件に関して、興味深い本を読みました。

作家・活動家の雨宮処凛さんが編集された、『この国の不寛容の果てに―相模原事件と私たちの時代』[1]です。

雨宮さんと、自閉症の子をもつ親御さん、小児科医、精神科医などとの対談をまとめた本です。いずれの対談も、加害者個人の動機を探るとともに、加害者をとりまく社会的問題を考えようという内容です。どれも興味深かったのですが、そのなかでも、雨宮さんと向谷地生良さんの対談が印象に残りました。

向谷地さんは、北海道浦河町にある「べてるの家」という、統合失調症の人たちが働き暮らす拠点でソーシャルワーカーとして働かれています。向谷地さんは、やまゆり園での事件の後、とある市役所から、次のような相談を受けます。

あの事件のあと、ある地方の市役所の関係者から相談があったんですよ。「植松とか、オウムの松本智津夫に憧れる、理不尽な世の中を思い知らせてやると言って、無差別殺人をほのめかしたり、安楽死をさせろといった電話を毎日何十回とかけてくる青年がいて、スタッフも職員も困っている。どう対処したらいいでしょう」と。

雨宮さんも対談で述べているように、警察に相談するレベルです。実際、市役所では、警察にも相談していたそうです。「常識」的に考えれば、何らかの病気や障害を疑います。

そんななか、向谷地さんは驚きの対応をとられます。なんと、自分の電話番号を彼に教えてよいと、市役所の方に伝えたのです。

すると、すぐにその青年から向谷地さんに電話がかかってきました。その後は、ほぼ毎日、電話で彼の話を聴くようになったそうです。

なかなかできることではありません。大きな事件になるかもしれないところに飛びこんでいくわけですから……。

その電話の内容は、おそらく、市役所や世の中に対する不平・不満であり、さらに発展して、「俺は虐げられてきているんだから、人を殺して何が悪い！」と繰り返していたのではないかと思います。その言葉に、何らかの病理を感じてしまいそうです。

しかし、向谷地さんは、注意するでもなく、聴き、対話を続けます。すると、彼の「無差別殺人」発言の背景にあるものがみえてきます。そこには、拍子抜けするような、でも切実な理屈が隠されていました。

彼の理屈は、次のようなものでした。毎日が「つまらない」。⇓だから、「出会いが欲しい」。⇓だから、市役所に電話をかけて「すいません、誰か俺とランチ食べませんか」と言う。当然、断られる。⇓市役所は「なんでも相談して」と言っているのに、相手にしてもらえない。

⇒だから、憤慨して、自分の要求を通すために、無差別殺人をほのめかす。「最後のオチ、めちゃくちゃ飛躍してるやん！」と思われるかもしれません。たしかに……。でも、私は、「わかるなー」と、共感しました。私がかかわっていた青年と、重なっていたからです。

本人なりの思い

その青年は、発達障害をもっていて、小学生のときにいじめを受けるなどして、生きづらさを抱えていました。

彼と会うと、いつも同じ店で、同じチャーハンとギョウザを食べます。彼は、世界情勢を熱く語り続けます。そして、中国に核ミサイルをぶちこむ必要性について滔々と語ります。その理由を時間をかけてたどっていくと、最終的には、「子どもの頃に父親に厳しくしつけられた」ことが原因であることが、おぼろげながらみえてきます。

外側からみると、言っていることはメチャクチャにしか思えません。父親に叱られることが、中国に核ミサイルをぶちこむことになぜつながるのか、理解不能です。

ただ、そこには、本人なりの理屈があります。彼の場合、父親の理不尽なしつけは、もとをたどれば、中国からヒトが日本に渡ってきたせいであって、元凶は中国にある、というものです。

「中国に核ミサイル」という強烈なメッセージに対して、「戦争はいけません！」と制止したり、「病気ですね」と隔離したりしても、あまり意味がないと思います。

むしろ、このような対応をすればするほど、本人にとっては、「わかってもらえない。だからもっと強い言葉で言わなければ……」となります。この悪循環から生まれるのは、わかりあえなさであり、分断です。

向谷地さんがかかわっていた青年も、私がかかわっていた青年も、本心は人を殺したいわけではありません。そうではなく、「ランチが食べたい」「父親に注意されて嫌だった」という、むしろ常識的な願いや気持ちをもっています。

問うべきは、彼らの支離滅裂に思える発言ではありません。彼らが素朴な気持ちを言葉にできないのはなぜかを問わなければいけません。実際、向谷地さんは、毎日対話を続け、ずいぶん時間がたって、彼が「寂しいんだ」とこぼすようになったと語っています。私がかかわっていた青年も、六〇分間、延々と世界情勢の話をし、会計を済ませた後、店の外にあるベンチで、本当の気持ちをポロッと話し始めます。

言葉にならない言葉を探す

「普通に『ランチ食べたい』って言えばいいやん」とか、「『父親のしつけが厳しかった』って言えばいいやん」と、思われるかもしれません。もっともです。

しかし、自分の気持ちを言葉にすることは、ある子どもたち・人たちにとっては、とても難しいことなのです。

「子どもは素直だから、自分の気持ちをまっすぐに言葉にできる」と一般的には言われるかもしれません。しかし、それは、発達心理学からみれば、まったくの間違いです。子どもは、そう簡単に自分の気持ちを言葉にできるわけではありません。

息子が二歳後半の頃のエピソードを思い出します。

朝、仕事に行こうと玄関で準備をしていたところ、息子が私のところに走ってきて、突然、「おとーしゃん、きらい！」とすごい剣幕で怒り始めました。一瞬、「え？」となりました。「そんなん言わんといて。お父さん、悲しい」と言いそうになります。出勤の時間も迫っていますし、気持ちがザワザワします。

でも、このときは、「あっ」と子どもの気持ちに気づけました。

「もっと、遊びたかったの？」と尋ねてみました。すると、ウンウンとうなずきます。出勤前に、息子と少しだけ遊んでいたので、このときは、子どもの「きらい」という言葉にひきずられずに、気持ちが見えました。

繰り返しますが、子どもは、自分の気持ちをそのまま言葉にできるわけではありません。語彙力が不足していたり、興奮したりして、自分が思っていることを言葉で言えません。このときの息子のように、誤解されかねない言葉を発してしまうこともあります。

子どもの言葉をそのまま受け取るのではなく、その言葉の裏にある気持ちを見ようとすることが大事です。もっとも、言葉にならない言葉を一緒に探っていくのは、簡単ではありません。地道な取り組みです。**でも、一緒に言葉を探してくれる大人がいて初めて、子どもは、言葉をわがものにしていきます。**

もし『きらい』って言ったらダメでしょ！」という「しつけ」を受け続けたら、子どもの気持ちは行き場を失います。そして、行き場を失い続けると、子どもは本当に、自分の気持ちを言葉で表現する方法がわからなくなります。言葉数は多くても、自分の気持ち、とくに、ネガティブな気持ちを表現することができなくなります。そして、結果として、違う言葉が口から出てしまいます。怖いことです。

向谷地さんや、私がかかわった青年が、ほんとのところ、どうなのかはわかりません。だから、推測になりますが、自分の言葉にならない言葉を汲み取ってもらう経験がどこまであったのだろう？　と思います。

そして、もし、このような傾向が世の中に漂っているのだとしたら、私たちは**「コトバのノロイ」**にかかっています。コトバを文字通り受け取り、反応してしまうというノロイです。「殺したい」と言われれば「ダメ！」と制止し、「きらい」と言われれば「ダメでしょ！」と注意してしまうノロイです。

このノロイをほどくには、子どもの言葉にならない言葉を探していくかかわりを続けるしかありません。

加害者の話に戻りましょう。向谷地さんが、彼のことを、次のように語っています。

> 被告が話していることは、ほとんどがパーツのように、すでに誰かが言っていることのつなぎあわせだと思うんですね。障害者が無用な存在だとか、そういうロジックはすべて彼のオリジナルじゃなくて、すでに過去から現在まで流布している言説が彼の中にどんどん蓄積されている。

加害者は雄弁に語ります。しかし、すでにどこかで聞いたような雄弁さでもあります。彼自身の言葉には見えません。

彼自身が、しゃべれていないのです。だからこそ、彼は、「しゃべれない障害者は殺す」と、「しゃべれない」ことに異常なまでにこだわっていたように思います。

「自分は寂しかった」と彼が一言つぶやければ、こんな凄惨でつらい事件は、起こらなかったのかなぁ、と思います。

［1］雨宮処凛編『この国の不寛容の果てに―相模原事件と私たちの時代』大月書店、二〇一九年

コラム2

発達障害のある子どもの安楽さを大事に

学童保育だからこそ

発達障害と診断される子どもは、増加し続けています。どの学童保育にも、発達障害のある子ども（もしくは診断されていないが、その特性のある子ども）が通っているのではないでしょうか。

「発達障害がある＝大変・困っている」と単純にはいえません。おだやかに、楽しく学童保育で生活している発達障害のある子どもたちも多くいます。

ただ、その障害ゆえに、トラブルが起こるのも事実です。友だちの「それ、おまえのモノと違うよね」という一言に、「学童保育をぶっこわしてやる」とキレて、トラブルになる子どもがいます。「君のこと、嫌いなんだよね」「なぜ、こんな簡単な宿題もできないの？」などと思ったことをそのまま口にして、いざこざを起こす子どもがいます。部屋がにぎやかになってくると、目の前を通り過ぎた子どもを突然叩いてトラブルを起こす子どももいます。逆に、発達障害のある子どもの苦手な言葉をわざとそばでささやいて、パニックを起こさせるエピソードも聞きます。

このようなトラブルが続くと、指導員は、「暴言をなくさねば」「自分勝手な行動をやめさせねば」「からかいをなくさねば」と考えがちです。強烈な行動であればあるほど、一刻も早く……と焦るでしょう。保護者も同じかと思います。

だから、なんとかして、大人から見て問題だと思う行動（以下、問題行動）を「なくす」手立てを考えます。子どもをほめてみたり、強く叱ってみたり。そして、ネットや本で見た「絵カードによる視覚支援」など、障害特性に応じた支援を行います。渦中にいると、このようなかかわりになるのは、よくわかります。子どものためを思ってのことです。

「なくす」保育はうまくいかない

ただ、結論的にいえば、このような問題行動を「なくす」保育は、なかなかうまくいきません。

なぜなら、問題行動を起こす子どもなりの理由を、知ろうとしていないからです。どの子どもも、その行動をしたくてしているわけではありません。そうせざるをえない状況に追いこまれているのです。部屋がにぎやかになると、近くの子どもに手を出していたのは、聴覚過敏のためです。「とても騒がしく、しんどい」と感じてイライラしていたのでしょう。自分のイライラを抑えきれず、でも、それをうまく言葉にできずに手が出てしまったのかもしれません。そんな状態のときに、絵カードで、「叩きません」というマークを「水戸黄門の印籠」のように示されても、子どもはしんどくなるだけです。このような指導を繰り返しても、子どもの問題行動や子どもとの関係がよくなることはまずありません。

「子どもを見る」ことが出発点

では、どうしたらよいのでしょう。このことを考えるうえで、保護者と指導員による実践報告[1][2]が参考になります。

報告に出てくる子どもは、学童保育に通い始めた当初、物を投げる・ばらまく、冬なのにずっと水遊びをするなどの行動をとっていました。その行動に対し、指導員は、「観察させてほしい」とお母さんにお願いしました。そして、「なぜそのような行動をとるのか、その行動の前後には何があったのか、正解はないかもしれないけれど、どこかにヒントがあるはずです。一緒に考えていかせてください」と続けたことが、お母さんの手記に書かれています（お母さんはこの言葉に涙されたとのこと）。

この指導員の言葉に大きなヒントがあります。物を投げること自体は、よいことではありません。でも、きっと、その子なりの理由があるはずです。とはいえ、子どもはその理由を上手に話せるとは限りません。だからこそ、指導員はていねいに子どもを見ていこうと考えたのでしょう。そう、出発点は、「子どもを見る」ことにあるのです。

子どもを見ていくと、指導員たちは、その子にとって初めての空間で、不安いっぱいだったことが問題行動に関係していると気づき、その不安を受け止めることから実践を出発させていきます。「物を投げる」行動を止めるか、許すか……といった狭い視点から離れて、子どもと子どもの生活全体を捉えようとしていることがうかがえます。

なお、「子どもを見る」ときに、発達や障害特性の知識は大事です。「感覚過敏」という障害特性や、「わかっちゃいるけど止まらない」という衝動性を知ることで、子どもの行動の意味が見えやすくなります。

ただ、気をつけておきたいのは、発達や障害特性の知識は、あくまで、目の前の子どもを理解するために用いるものだということです。これが逆転して、「自閉症だから、○○という指導をすればよい」「ADHDの子どもには、△△をしておけばよい」というように、障害特性が主役にならないように気をつける必要があります。そうでないと、目の前の子どもが見えなくなる〝頭でっかち〟の実践・子育てになりかねません。

「できる」保育・子育て／「安楽さ」の保育・子育て

「子どもを見る」ことは、大事です。ただ、それだけで保育が前に進むわけではありません。子どもの行動の理由を知ったうえで、どのような保育・子育てをするかが問われます。大きくは二つの方向性があります。

一つ目は、「できる」という方向性です。「宿題がさっとできるようにする」「計算ができるようにする」「お片づけがきちんとできるようにする」などです。

二つ目は、「安楽さ」という方向性です[3]。安楽さというのは、「安心」と「楽しさ」を大事にする意味をもちます。

この二つの方向性は、どちらが正解・不正解ということではありません。どちらも大切です。しかし、いまの教育・子育ての現状を見ると、「できる」方向性が重視されすぎて、「安楽さ」が軽視されているように思います。

遊びにおいても、「ルール遊びを通して、社会性の発達を促す」といったように、「できることを増やす」という語りが多くなっています。生活場面においても、「おかたづけがきちんとできるように」といった、「できるように」という目標が意識されがちです。とくに、障害のある子どもは、ほかの子どもと比べて「できない」ことが目立つためか、いっそう「できること」を重視する傾向が強くなりがちです。

「できる」ようになることは大事です。しかし、それを求めすぎると、私たちの視野は狭くなります。たとえば、遊びって、「できる」ことが楽しいだけではありません。できなくても楽しい・笑えることもしばしばあります。しかし、「できること」ばかりが重視されると、こうした子どもの姿が見えなくなってしまい、私たちは「どうやったらできるようになるか」だけを考え、保育が窮屈になります。

ですので、「できる」ことだけではなく、「安楽さ」を追求していくことも同じように大事です。とくに、学童保育では、「安楽さ」はカギです。勉強が中心の学校教育と異なり、学童保育は、生活や遊びが中心です。生活には「ちょっとゆっくりしてもいいよね」という安心できる要素がありますし、遊びは「楽しい」活動です。そう考えれば、学童保育でこそ、「安楽さ」という学校教育とは異なる価値を提供することが大切だといえます。

とはいえ、それが難しい

とはいえ、その「安楽さ」の追求が難しいんですよね。手狭な空間にたくさんの子どもがいると、トラブルが続出します。安心の前に、安全を確保しなければならない状況です。とくに発達障害のある子どもにとっては、その障害ゆえに、安心しにくかったり、ほかの子どもとのトラブルで楽しみにくい状況もあるかと思います。

そこで、私がうかがったある実践を紹介しつつ、発達障害のある子どもの「安楽さ」を大事にする視点について、一緒に考えていきましょう。

自閉スペクトラム症のあるAさんのエピソードです。Aさんは、その障害からか、大きな声で話すことが多かったそうです。たしかに、他人との距離感がつかめない自閉スペクトラム症の子どもは多く、本人の自覚なく大きな声を出す場合がありま す。指導員さんたちは当初、みんなの迷惑になるので、声の大きさを目で見てわかるような工夫をして、Aさんが声の大きさを調節できるように支援しました。ところが、Aさんは、自分の声を調節することはなく、支援はうまくいかなかったそうです。

その理由として、「子どもを変える」というまなざしが、指導員のなかにあったことがあるかもしれません。善意からではあれ「なくす」指導をする大人のまなざしに、子どもは敏感です。いくら障害特性に合った支援とはいえ、子どもは、「声の大きさを調節しよう」とはならなかったのでしょう。指導員さんは、「Aさんにとっては、ありがた迷惑だったのかな」と振り返っておられました。

でも、ここで終わらないのが、この指導員さんたちのすごいところです。指導員同士で話しあうなかで、「学校でストレスを抱えているので、叫んでストレスを解放したくなるのでは？」とAさんの気持ちに立ち返りました。そして、いっそそれならと、好きなだけ叫んでもいい場所をお風呂場につくったそうです。その名も「絶叫部屋」。

絶叫部屋！　ネーミングがいいですね。そして、絶叫の輪が広がっていきました。そのうち別の子どもが「超音波部」（！）を設立し、さらには、「ストレスがたまったときや、なんとなくさけびたいと思ったときにふろ場で一緒にさけびましょう」という宣伝文句の入ったポスターまでつくって学童保育に貼り出したそうです。

超音波部が創設され、みんなで叫びまくっているうちに、Aさんは「学校では叫ばん！」と、自分で行動を抑えるようになりました。それだけでなく、自分と同じようにしんどそうな子を見ると、「風呂場に行ったらすっきりするよー」と気づかうこともあったそうです。

安楽さの追求

この学童保育での実践から、次のことを学ぶことができます。

一つは、〝合法的〟に大声を出せるようにする支援が、子どもに安心を感じさせ、大声を出さないことにつながっていることです。「大声を出したら迷惑だから静かに」というのとはまったく逆の「好きなだけ、いつでも大声を出してもいい」という支援の背景には、「行動には子どもなりの理由があるのだから、否定しない」という指導員たちの思いが見えます。

二つ目は、「絶叫部屋」や「超音波部」というネーミングの妙です。もし、これが単に「はい、お風呂で好きなだけ叫んでいいよ」だったら、子どもは叫ばないでしょう。叫んだとしても、すぐに飽きたはずです。でも「絶叫部屋」と言われたら、なんだか叫びたくなりますよね。そして「超音波部」爆誕！　超音波って、遊び心があふれています。めちゃくちゃ入部したくなります。しかも仲間と一緒に叫べば、二倍も三倍も楽しそうです。

もっとも、急にこのような「部」はできないでしょう。この学童保育に、日ごろから遊び心あふれる雰囲気があったからこその展開だと思います。

問題行動であり、なくすべき対象だった「大声」が、いつの間にか「遊び」に変わっています。このような安楽さを創り出す文化こそが、学童保育の専門性です。このような視点からの実践について、参考になる文献もありますのでご参照ください[4]。

おわりに

いま、日本社会が未来を見通すことができない不安定な状況になっています。さらに、コロナ禍という異常事態が、その不安定さに拍車をかけます。

その不安にとりつかれると、「子どもを少しでも『できる』ようにさせたい」という思いになります。たしかに、そのことも大事ですが、同時に、「自分は傷つけられない」という安心感や遊びの楽しさも、子どもたちに保障してあげたいものです。学校とは違う学童保育の価値は、ここにこそ、あるんじゃないかな、と思います。

[1] 萬田葉子「受け入れてくれるありがたさ――前を向いて歩こう」『日本の学童ほいく』四三六号、一三‐一六頁、二〇一一年
[2] 田中一将「あみかとお母さんと、共に歩んだ日々をふり返って」『日本の学童ほいく』四三六号、一七‐一九頁、二〇一一年
[3] 加用文男『「遊びの保育」の必須アイテム――保育のなかの遊び論〈Part2〉』ひとなる書房、二〇一五年
[4] 楠凡之、岡花祈一郎、特定非営利活動法人学童保育協会編『遊びをつくる、生活をつくる。――学童保育にできること』かもがわ出版、二〇一七年

07 感染の不安？　不安の感染？（2020・3）

まさかの新型コロナウイルス

連日、新型コロナウイルスによる感染症が騒がれています。そしてそのなかで、まさかの総理大臣による突然の一斉休校要請。結果として、ほとんどの公立小中学校、高校が休校になっています（二〇二〇年三月九日現在）。

多くのご家庭が、日々の生活をどうやりくりしようか、頭を悩ませていることでしょう。

連載開始当初、このような事態になるとは、想像もつきませんでした。

私は車で通勤しているのですが、最近、開店前のドラッグストアに多くの人がならぶのを見かけるようになりました。最初は「マスクを買うため?」と思っていたのですが、どうもそれだけではないことがわかりました。ご存知の通り、トイレットペーパーやおむつ、生理用品など、一部の紙製品がなくなってしまうので、それらを購入するためにならんでいるのです。

ここまでくると、**「感染の不安」なのか、それとも「不安の感染」なのか、よくわからなくなってきます**。最初は、「コロナに感染するかも」という不安だったはずです。ところが、それだけではなく、「生活がやりくりできなくなるかも」「仕事はどうなるのだろう」といったさまざまな不安が発生し、それが次々に伝染して、「トイレットペーパーがなくなるかも」という事実に基づかない不安までが広がってしまっています。

何より、「感染の不安」がいまでも一番であれば、ドラッグストアに行列はできないはずです。至近距離で長時間列にならぶことは、コロナウイルスに感染するリスクが高い行為のはずですから。しかも、マスクをせずにならんでいる人もいます。これはもう、「感染の不安」ではなく、「不安の感染」です。不安の内容については、根拠があったりなかったりとさまざまですが、とにかく不安が湧き起こり、その不安が集団に伝染しています。とどのつまり、

「パニック」です。

「不安の感染」のなかでの子育て

このような異常ともいえる雰囲気のなかで、私たちは、何を大事にして子育てをすればいいのでしょうか。

大事なのは、**「感染の不安」への対策と、「不安の感染」への対策を分けて考える**ことです。「感染の不安」については、本当にさまざまな情報があります。情報があふれすぎて、混乱してしまうほどです。こういうときは、やはり専門家、それも子どもの病気に関する専門家の知恵を借りるのが一番です。その一つとして、日本小児科学会　予防接種・感染症対策委員会が出している「新型コロナウイルス感染症に関するQ＆A」(http://www.jpeds.or.jp/modules/activity/index.php?content_id=326) が参考になるかと思います。

……と、「感染の不安」への対策はここまでにします。ここでは、「不安の感染」を中心に考えます。繰り返しになりますが、コロナウイルスへの対策ではなく、根拠があることもないことも含めて、不安が感染・伝染してしまう状況のなかで子育てをしなければならないという「不安の感染」への対策について考えます。

この「不安の感染」のなかでの子育てを考えるうえで、参考になる出来事があります。それは、二〇一一年三月に起こった東日本大震災です。

私も、子育てを始めていました。その当時、すでに子育てをしていた方もおられるでしょう。四〇代の親御さんであれば、その映像を何度も流していました。テレビは、津波にのみこまれる車（しかも走っている）の映像を何度も流していました。私はそれを茫然としながら見ました。そして、まさかの原発の爆発。テレビはその様子を、「はっきりとした情報はわからない」と叫びながら何度も流します。不安に駆られながら水素爆発の映像を繰り返し見たことを、いまでも鮮明に覚えています。

このときも、さまざまな不安が世の中に感染・伝染しました。そのドタバタのなかで私たちが得た子育ての教訓に学びながら、子育てで大事にしたいことを考えます。

「日常」の生活を大事に

大事にしたいことの一つ目は、「日常」の生活を送ることです。

子どもたちの目には、いま、この状況は、「何だか大変そうだけど、よくわからない」不安な状況として映っているはずです。「月曜から学校が休み」という突然の宣告。連日、テレビをつければ「コロナ」の連呼。そして、家でも学校でも「手を洗いなさい」「マスクをしなさい」の連呼。でも、コロナの広がり具合や、かかるとどれくらいの確率で重症化するのかといった危険度は、幼稚園児や小学生の子どもでは、十分にわかりません。だからこそ、大人以上に、不安になっている子どももいると思います。

つい先日、息子が、三七度ちょっとの熱を出しました。熱があるのがわかると、息子は、ポロポロと涙を流します。「しんどいんやろなぁ」と最初は思っていました。ただ、それだけではありませんでした。少しして、「僕、コロナかもしれない」とポロッとこぼしたからです。不安になっていたんです。そら、そうですよねぇ。

不安を言葉で整理できないぶん、大人以上に漠然とした不安に包まれている子どももいるはずです。だからこそ、大人はいつも以上に、日常の生活を普段通り送ることを心がけたいものです。

朝、いつも通りの時間に起きる。いつもと同じように朝ご飯を出す。親子でいつもと同じような会話をする……。言葉にするほどのことではないかもしれません。ただ、大人以上に「不安の感染」が起こりやすい子どもにとっては、いつも通りの日常を送ることが、何よりも大事です。

「そんな、当たり前のことでええんかいな！　もっと、子どもの不安に寄り添うスペシャルな方法とか、なんかこう、もっとええやつ、必要なんちゃうの?」と思われる方もいるかもしれません。

たしかに、カウンセリングの場では特別な手法が有効かもしれません。しかし、子育ては、特別な場ではありません。生活の場です。「いつも通り」を過ごすことが何よりも大事です。なぜなら、いつも通りの日常こそが安心感をもたらしてくれるからです。そして、「感染の不安」をやわらげてくれます。

お母さんがつくってくれる蒸しパンの匂いで起きるいつもの朝。いつもと同じヨーグルトが食卓に置かれていること。お父さんがいつものように「いただきます」を言うのを忘れて、残念な空気が流れること……。そんな日常の「繰り返し」が、心の安定につながっていきます。

少しおおげさにいえば、この繰り返しこそが、子どもの不安な心を癒すケアになるのです。臨床心理学者の東畑開人さんは、何かを治す「セラピー」と比較しながら、「ケア」を「ただ、いる、こと」「日常に付き添い続けること」と述べています[1]。

もっとも、このご時世、当たり前の生活を送るのは、簡単なことではありません。仕事のやりくりも大変です。共働きのご家庭、シングルマザーのご家庭などは、本当に大変な状況だと思います。

ですので、すべていつも通りにしようとするとしんどくなります。無理なくできる範囲で、「いつも通り」をちょっと意識するだけでも、生活に軸ができて、安定につながっていきます。そして、余裕ができたときは、洗濯物を普段よりちょっと丁寧にたたむとか、隅っこのほうを意識して掃除するとか、そんなささやかな丁寧さが大事な気がします。

少なくとも、テレビやネットにかじりつくのはやめたほうがいいですね。不安になりこそすれ、安心を得ることにはならないからです。親の不安は、確実に子どもに伝染します。

「非日常」の遊びやお勉強を大事に

大事にしたいことの二つ目は、遊びやお勉強に「非日常」を取り入れることです。

いつも通りの日常を過ごしていれば、子どもは安心します。安心すると、子どもは退屈します。

退屈するというのは、普段とはちょっと違うことをする心の準備ができているということでもあります。この機会だからこそ、遊びやお勉強に、いつもとは違う「非日常」を取り入れてみてはどうでしょう。退屈しまくっているいまこそチャンスです。

「非日常」といっても、海外旅行に出かけるというようなスペシャルなことではありません。

たとえば、これまでやってなかった「ぬりえ」に取り組んでみるとか、たまにはUNOでゆっくり遊んでみるとか、ネット上に無料で読める小説があるよ〜と教えてみるとか、大きなジグソーパズルに一緒にチャレンジするとか。普段は余裕なくつくっている料理を一緒にやってみるとか……。

似たような漢字ドリルや計算ドリルをたくさんやらせるよりは、ぽっかり時間の空いたときこそ、普段とは違うことをしてみましょう。遊びや学びの幅を広げるチャンスです。知的好奇心を育む機会ともいえます。幸せな「非日常」があるのもいいな、と子どもに思ってもらえるといいですね。

ちなみに、私の場合、講演や研究会・学会、発達相談の仕事が立て続けにキャンセルになったことで、毎日、子どもとゆっくり遊ぶ時間ができました。ポケモンカードバトルをぶっ続けに遊び、すごろくを一緒に製作し、その後は、レゴブロックでバトルを繰り広げています。息子は、レゴバトルに興奮してくると、「ドシュー」「ブッシャー」と効果音を連発し、それに伴って唾の飛沫量もうなぎのぼりです（笑）。私の眼鏡にまで飛び散る息子の唾。「もし息子がインフルやコロナなら感染間違いなし……」とおののき、苦笑いしています。

でも、こうして、唾をまき散らしてまで一緒に遊んでくれるのって、いまだけですよねぇ。そんなことを思いながら、なんとか三月を乗り切ろうと思っています。

子育ての原点をつかむ

コロナ禍はとっても非日常な事態です。ただ、過去を振り返ると、このような非常事態がしばしば起こっていたのも事実です。東日本大震災はもちろんのこと、さまざまな地震、火山の噴火、新型インフルエンザ、子どもが被害者になる事件等々……。それに経済の先行きや国際情勢も不透明であり、私たち大人の不安が感染・伝染する要素はそろっています。

このようななかでの子育ては、はっきりいって困難です。子育てにおける「不安のノロイ」が充満しているからです。

でも、こんな困難なときだからこそ、子育てにおいて何が大事なのかがみえてくるように思います。ここまで書いてきたように、**「いつも通り」の生活を大事にすること、そして、そんな生活を土台に、ちょっと特別な遊び・学びをちりばめることが、「不安のノロイ」をやわらげます。**

話はそれますが……

最後に、ちょっと話はそれますが……。

首相による突然の一斉休校要請について、子どもの発達を研究する者としてひとこと。

今回の首相の判断は、かなり無理があり、混乱をもたらしたと思います。もちろん、「感染の不安」対策としては一理あります。感染を少しでも遅らせたり防いだりする意味では、大事な判断だったと思います。

しかし、その要請の仕方に大きな問題があったと思います。突然の要請により、子どもは、「何か大変なことが起こっている」という印象だけを心に刻み、友だちとの別れなど心の準備ができないまま、家庭で過ごさざるをえなくなりました。卒業間近の小学六年生など、心のケアに時間がかかる子どももいるでしょう。加えて、突然、一律に休校を要請した総理の説明が不十分・不誠実であることも、不安をより強める要素になっています。そういう意味では、子育てにおける「不安の感染」を強めてしまったと感じています。

私が恐れているのは、今後、日本社会に、「不安の感染」だけではなく、「怒りの伝染」が起こることです。東日本大震災では、「不安と悲しみ」が私たちの主な感情だったと思います。しかしいま、私たちが感じている不安は、理由がはっきりしないことも多く、落ち着きどころがありません。そのため、その不安を解消するために「怒り」が湧き出る可能性があります。

見て見ぬふりができないほど社会の分断がはっきりしてきた日本。分断社会に「怒り」が実装されてしまったとき、本当に大変なことが起こり、それが子どもに取り返しのつかない心の傷を負わせるのではないかと、保護者として、また研究者として憂慮しています。

[1]「ケアとは何か？『ただ、いる、だけ』の仕事から見えた『その価値』」現代ビジネス、二〇一九年五月一四日（https://gendai.ismedia.jp/articles/-/64549）

08 不安のジェットコースターのなかで（2020・4）

ほんまにやばい

二〇二〇年三月五日に前回の記事を執筆した時点では、新型コロナウイルス感染症の広がりは中国や韓国、日本が中心でした。日本では、ちょうど二月末に出た学校の一斉休校要請で、ドタバタしていた頃です。欧米では、コロナはまだほとんど広がっていませんでした。

それがいまや、欧米はもちろん、アフリカなども含め全世界に広がっています。これだけ急速に悪化するとは、正直、想像もつきませんでした。この記事が公開される頃にはもっと広がっているでしょうし、緊急事態宣言が出されているかもしれません。日々、状況が激変しています。

間違いなく、私たちは未曽有の事態のなかで生きています。

今回も、「子育てのノロイ」や「発達障害の子どもに学ぶ」という本来のテーマからは外れますが、番外編ということでご了承ください。

不安のジェットコースター

怒涛のように流れてくるニュースを見て、「やばい、日本が壊れる」「自分も感染するかもしれない」と不安になったり、「いやいや、滅多なことではうつらない、大丈夫、大丈夫」と思ったり、でも、ついSNSをチェックしてしまって、「あぁ、これはいよいよロックダウンかも」と、慣れないカタカナ言葉を使って余計に不安になったり……。

大事件なのに誰も見通しが立てられずに、大量の情報が飛び交っている状況です。私たちの感情は、大きく揺れ動きます。揺れ幅が大きい、不安のジェットコースターに乗っているようなものです。乗っているだけで、疲れます。仕事に集中できません。そんなわけで、この原稿も結局、締切間際に書いています（私の場合、何があっても原稿は締切ギリギリですが……）。

子育ても例外ではありません。不安のジェットコースターが襲いかかってきます。公園に行くこと一つとっても、「大丈夫かな？」「人が密集してたらどうしよう？」と心が揺れ動きます。コロナに感染したら大変だからです。

同居している高齢者がいたら、余計に気をつかいます。それに、もしかすると無症状だけど実は自分が感染していて、他人にうつしてしまうかもしれません。そう考えると、公園に行かないほうがよいと思えてきます。

とはいえ、ずっと家にいると、親も子どもも息が詰まってしまいます。やっぱり公園に行ったほうがいいよね……でも、公園、めっちゃ人がいたら……と堂々めぐりで、疲れてしまう日々です。日々、刻々と気持ちが揺さぶられます。

つながりが奪われる子育て

さらに、コロナ騒動は、これまでの子育てに、新しい困難をつくりだしています。

子育てから、「つながり」が奪われているのです。

子育ては、親だけでできるものではありません。近所のおばちゃんにかわいがってもらったり、ママ友に子どもを預けたり、保健センターの健診で専門的なアドバイスをもらったり、学校の先生に子どもの頑張りをほめてもらったり、そんなこんなをしながら、子どもは育っていきます。子育ては、きわめて社会的な営みです。

しかし、接触自体がよくないとされる状況下では、このようなつながりが大きく奪われます。もちろん、SNSでのやりとりはありますが、SNSは必要以上に不安を煽る道具にもなります。これまでの「つながり」をカバーするものではありません。

いわば「孤育て」をしなければならないという、未知の領域に入ってきました。「孤育て」の危険性は、DVや虐待が増加しているという報道にも示されています。

不安はここまで！

……と、書いてきましたが、不安について綴るのは、ここまでにしましょう。

子育ての不安を可視化したうえで、ときにクールに、ときに怒りを交えて政治に訴えていくことは、日本の社会を変えるうえですごく大事なことです。「一家にマスク二枚配布」という茫然自失的事態に対して、パブリックコメントや署名活動を行い、政治における優先順位を変えていくことは、民主社会の一員として大事な行為です。

ただ、子育てのなかに不安や怒りを持ちこむことは、できる限り避けたほうがよいでしょう。前にも述べたように、子どもは、大人以上に不安になります。「マスク二枚配布」への戸惑いと怒りについて、子どもにすべてわかるように説明するのは困難です。その場合、子どもには、あいまいな不安と怒りだけが伝染してしまいかねません。

「つながり」が奪われ、「不安と怒り」が漂うなかでの子育て。三〇年後の社会科の教科書に必ず載っているであろうこの非常事態のなかで、私たちは、何を大事にすればいいのでしょうか!?

……あぁ、ちょっと勇ましいことを書いてしまいました。すんません、つい力が入ってしまい……。

最近では、いつもはだらしない表情が引き締まり、たれ気味の眉毛がりりしくなってしまいます。

話を戻しましょう。子育ての基本は、これまでと変わりません。「安心」と「楽しさ」を大事にすることです。

怒ることも、ときにはよいでしょう。叱咤激励することもあってよいでしょう。ほめて自己肯定感を伸ばす、もよいでしょう。でも、基本は、これらではありません。**子育ての基本は、「安心」と「楽しさ」**です。

以下、私がこの騒動のなかで、子どもと遊ぶことを通して「あぁ、これが大事やな」と思ったことを三つあげます。

絵本の効用――「子育て文化」の助けを借りる

先ほど「つながりが奪われている」と書きました。しかし、まったくないわけでもありません。

実は、子ども部屋やリビングのなかに、つながりがあります。「子育て文化」というつながりです。その代表は絵本です。

時代が変遷しても読み継がれている絵本には、子どもの心を穏やかに包む力があります。もっとも、絵本に助けられるのは、子どもだけではありません。絵本を読んでいる大人も癒されます。

ぜひ、絵本の力を借りてみましょう。もちろん、四六時中読む必要はありません。寝る前だけでOKです。二、三日に一回でも、もちろんOK。最初は、自分が読みたい絵本でいいでしょう。自分が出す声のリズムに、物語の内容に、日常の生活が戻ってきます。

ちなみに、わが家のお気に入りは、ヨシタケシンスケさんの『おしっこちょっぴりもれたろう』[1]です。おしっこをするたび、パンツがちょっとにじんでしまう男の子が主人公。主人公の男の子は、そのにじみに悩みます。周りの大人や子どもに「あなたも、実はもれたろう？」と尋ねるところからお話が始まっていきます。そんな主人公のもとに、「おしっこけっこうもれたろうくん」が登場して、「わざとじゃないんだよねー」と絆を深めたり、おじいちゃんに「ちょっぴりなんだから大丈夫じゃよ」とおおらかに受け止めてもらったりしながら、日々にじみ続ける、そういう子どものお話です。

男子には「あるある」すぎて、息子と笑いながら、「おれも、もれたろう」なんて話をします。

別の日の晩は、息子のリクエストでまさかの『白雪姫』！　おぉ、メルヘンやないの！　何十年ぶりに白雪姫を読みながら、お話の深さや世の理不尽さに気づき、歴史を経た物語のリズムが気持ちを楽にしてくれます。

先輩の親たちも、スペイン風邪などの感染症を経験してきました。そのなかで、同じ絵本を読んでいたかもしれません。

いまは、「孤育て」ではあるけど、**絵本という縦のつながり**は生きています。先輩の助けをいまこそ借りましょう。きっと、眉毛も下がり、おしっこも、たまにはにじんでもいいよなーと思えます。安心と楽しさが、家庭にちょっと戻ります。

散歩の効用――「ならぶ」子育て

わが家はたま～に、外食に行くのですが、今回のコロナ騒動で難しくなりました。それではと、思春期の娘と、散歩がてら、家族全員の晩ご飯を買いに行くことになりました。

普段、私は、どうしてもキモい感じで真正面から娘に接してしまって（なぜそうなるのか自分でもわからないのですが……）、ただでさえ嫌われているのに、さらにキモいと思われて、ますます嫌われる感じの関係性のただなかにいます。ですので、いつもなら二人で出かけることはありえないのですが、このときはなぜか、誘うとOKが出て、勢い勇んで二人で出かけることになりました。娘氏、自宅待機にもさすがに飽きたのか、それとも、少しでもお腹を減らしてご飯をおいしくしようと思ったのか、理由は定かではありませんが……。

さて、その道中のこと。最初は、娘は私の二メートル後方に位置をとって歩きます。

いまこそ求められているソーシャル・ディスタンス!!

……と思ったのですが、単純に、私と一緒に歩きたくないだけでした。「親子と思われたくない」とのこと。おおぉぉおぉぅぅ。

ただ、そうこうしているうちに、なんとなーく、ならんで歩き、気づけば、将来のこと、進路のこと、勉強のこと、私の仕事のこと、妻との結婚のなれそめ、夫婦関係のことなどを質問され、いつもは話さないことを語りあう時間になりました。

私史上、きわめて幸せな時間だったのですが、振り返ってみるに、散歩がよかったのだろうと感じました。**子どもと「ならぶ」関係**になるからです。

普段、私は知らず知らず、子どもに「向きあっていた」(迫っていた)のかもしれません。どうしても、一方向的であったり、説得的なコミュニケーションになります。いわば「向きあう」コミュニケーションです。結果として、「上下関係」のような非対称的な関係になりがちです。

一方、散歩の場合は、向きあうことは物理的に不可能です。歩調をあわせて、ならんで歩きます。その行為自体が、子どもとの関係をフラットにし、説得的ではない、対等な語りを引き出していきます。

発達心理学では、この「ならぶ」コミュニケーションは、共同注意（ジョイントアテンション）という用語で研究されてきました。赤ちゃんと大人は、生後九～一〇ヵ月頃から、「ほら、あそこにワンちゃんがいるね」などと言って、同じものに注意を向けて（共同注意と呼ばれるゆえんです）、ならびあい、何かを共有し語りあうコミュニケーションをとるようになります。

「これをさせないといけない」「あれができるようにならねば」「ほめて、自己肯定感を！」とばかり考えていると、いつのまにか、「向きあう」コミュニケーションになりがちです。そんなときに「対等に話しましょう」と言われても、子育てのモードを変えるのは難しいものです。

だから、ぜひ子どもと散歩をしてみましょう。きっと、普段の関係とは質の異なる「ならぶ」コミュニケーションを実感できることと思います。安心感のスペースが生まれます。

「休み=勉強させねば」のノロイから自由に

最後にもう一つ。なんとなーく、ネットニュースやSNS界隈を見ていて気になることがあります。それは、「子どもに勉強させよう」という雰囲気が強いこと。「臨時休校中に子どもにどう勉強させるか」とか、「いまこそ、オンライン学習だ！」といった情報があふれています。

たしかに、受験生は勉強が必要でしょう。ただ、うーん、小学校低学年の子どもにまで宿題のプリントがたんまり出されたり、「オンラインでお勉強」の波が押し寄せたりしています。休校になって、参考書がたくさん売れたというニュースも三月初旬にはあったかと思います。

そうなる気持ちもわからなくはないです。とくに先生にとっては、貴重な年度区切りの時期に、ぷっつりと授業が途切れてしまったわけですから。

でも、保護者としては「なぜ、そこまで勉強をさせたいのだろう?」とも思います。しかも、「大量のプリント」という勉強に、なぜそこまでこだわるのでしょう。本書のテーマに引きつけていえば、**「休み=勉強させねば」というノロイ**です。

「勉強しないと学力が下がるから、勉強させるのは当たり前やんけ！」という声が聞こえてきそうです。それもわかります。

ただ、いまは、子どもにとって、とても不安で困惑する状況です。急に「学校に来ないで」と言われ、宿題がドカンと出されて、勉強だけはするように言われる。そして、大人は、不安になったり、怒ったりする。そんななかで、学習がどれだけはかどるかは疑問です。

それに、生活を回すので必死なご家庭も多いでしょう。そんななか、宿題を出しても効率が上がるように思えません。「休み＝勉強させるべき」という「べき論」に根拠はありません。ノロイです。

春休みがちょっと長くなった……と思うほうが、子どもはきっと安心すると思います（もっとも、四月以降もそれが続くと、見通しは変わってくるでしょう。ここで言っているのは、あくまでこの三月の休校期間のことです）。この「休み＝勉強させねば」というノロイから距離をとることが、子どもと家庭に安心と楽しさをもたらすのかな、と思います。

子育ての本質は安楽さの追求

ネットやテレビはほんまにやばいですね。情報を得るために、どうしてもネットやテレビを見ることが多くなります。しかし、そこにあふれているのは、不安や怒り、戸惑い、おそれという感情。このなかで営む子育ては、きわめて難しいなと、自分自身実感しています。

学力とか体力は、はっきりいってもう二の次にしましょう。暖かくなってきたので、おしっこもにじみまくって全然ＯＫです。いま、大事なのは、子どもが自分の表現を許されるという安心感であり、大人が子どもの姿に「おぉ、それ面白いね」と楽しさを見出し、共有することです。

もちろん、それはそう簡単なことではありません。だからこそ私たちの知恵と優しさを出しあいましょう。そうして営まれる子育ては、きっと子どもたちの知性と勇気を育むはずです。

……うーん、やはり肩に力が入った文章ですね。今回は、それもまたよしということでご容赦ください。次回は、ゆる〜い感じで書けることを願っています。

［1］ヨシタケシンスケ『おしっこちょっぴりもれたろう』ＰＨＰ研究所、二〇一八年

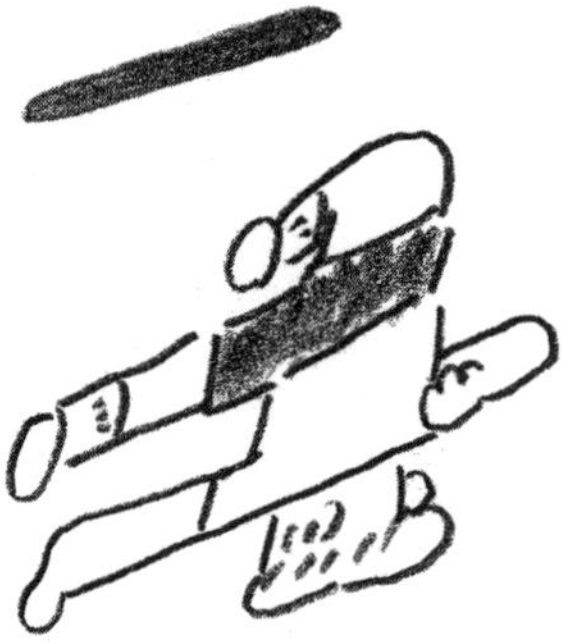

09 「まぁ、よしとしましょう」で怒りとつきあう（2020・5）

「火事場のポジティブテンション」は続かない

五月四日現在、新型コロナウイルス感染症の拡大は、おさまっていません。本記事がアップされるゴールデンウィーク明けの時点でも、完全終息にはほど遠いでしょう。私の地元の兵庫県では、五月末までの休校延長がすでに決まっています。

感染爆発が起きていないかわりに、終息の見通しも立ちません。事態が良くも悪くもならないまま、耐え忍ぶ日々が続きそうです。

晴れたさわやかな日でも、外出もままなりません。「すでに我慢してきたが、これからも一ヵ月ほどは我慢が続く」という、厳しい感じになりつつあります。

長期戦になるのは確実です。「コロナのいまだからこそ、できることをやりましょう！」のような火事場のポジティブテンションは、もう続きません。私だけではないでしょう。

子育ても、耐え忍ぶ状況が続きます。コロナのこと抜きに子育てを語ることはできません。そこで、今回も、コロナ禍での子育てについて語ることにします。

不安な社会のなかで、耐え忍ぶ子育て

家族で一日ずっと家にいると、さすがに息が詰まります。外に出かけたがる子どももいて、トラブルになることもあるでしょう。

実際、発達障害のある子どもの家庭では、「息子は外に出られないストレスからか、自分の頭をたたいたり、突然泣いたりする。学校があれば体を動かせるし、妻も少しは休めるのだが」という声も出ています[1]。外に出られないことで、障害のある子どもの問題行動が

悪化したり、家族の負担が大きくなることがニュースでも報告されています。

そんな状況に追い打ちをかける政府の失政。布マスクは地方ではまだ届かないうえに、届いたら届いたで万単位の不良品。自粛とセットであるべき経済的支援も、遅々として進まず。にもかかわらず、自粛という名の圧力はじわじわと締め付けてきます。

社会のなかで、不安とイライラが蔓延するときこそ気をつけたいのは、第7章でも触れた「怒り」の感情です。その怒りの矛先が権力に向けばいいのですが、たいてい自分より弱い立場の人に向かいます。生活が成り立たないために経営せざるをえない自営業者をバッシングする姿もみられています。「自粛警察」というワードに象徴されるように、市民による相互監視も強まっています。

もっとも、怒っている本人は、怒っているという自覚はないでしょう。「正しい」ことをしていると思っているはずです。内田樹さんの次の指摘が参考になります[2]。

「自粛」というあいまいな行政指導は市民たちの相互監視を督励する。そして、それは単なる監視にとどまらず、「自粛しない市民を攻撃しても処罰されない」という心証をかたちづくった。

「自粛しない人は、悪いことをしているのだから、攻撃してもよい」という「正しさ」が、暴走を後押しします。

「不安」だけではなく、「怒り」にどう対処するかが重要な局面になってきています。

子育てに怒りをできるだけ持ちこまない

政治に物申すことは大事にしつつも、子育てには、できるかぎり怒りを持ちこまないように注意したいものです。なぜなら、密室でかつ固定化された人間関係のなかで発生した怒りは「倍々ゲーム」のようにふくらんでいき、場合によっては、DVや虐待に発展する可能性があるからです。

もちろん、子どもに注意しなければいけないことは、よくあります。「ここで暴れたら危ないよ」と言った先から、ふすまにキックして穴をあけるとか、窓ガラスにおもちゃをぶつけて割ってしまうとか、「ごはん食べるときにふざけたらあかんで」と言っているのに、ひじタックルで床にみそ汁をぶちまけるなど……。当然、注意したり、怒ったりします。まぁ、はっきり言ってよくある話です。

普段であれば、とくに尾を引くことではありません。子どもが保育園や学校に行っている間に、親はクールダウンができます。近所の人と、わが子のおばかエピソードを披露しあって気が晴れます。子どもも、園や学校に行くことで、気持ちを切り替える（たいていの場合、すっかり忘れる）ことができます。そうして、いつもの「日常」が維持されていました。

しかし、現在の状況では、怒りという感情の「落ち着きどころ」がありません。家にみんながいることが多いですし、近所の人とのちょっとした立ち話もはばかられる雰囲気です。そのため、「怒る・怒られる」感情が、家のなかに漂ったまま残ります。その感情が、さらに次の怒りを呼び起こしやすくなっていきます。そうして、キレてしまって、子どもと自分を追いつめていきかねません。

なお、家庭によっては、子どもよりもむしろ、パートナー（たいていは夫）の行動にイラつきを抑えられない方もいるでしょう。たいへん大きな問題ですが、少々大きすぎますので、ここでは、子どもとのかかわりに話をしぼります。

子育てのなかで「怒り」とうまくつきあう

生活のなかで「怒り」とうまくつきあうには、どうすればいいのでしょうか。これは、心理学では「アンガーマネジメント」というトピックとして研究されています。その知見を参照しつつ、私なりにいくつかまとめてみます。

①怒りをなくそうとしない。うまくつきあう。

「怒りをなくそう」と思わないことです。自分の心のなかに湧きあがってきた怒りの感情を無理に抑えこもうとすると、後で大きな反動がきます。自分の心のなかにある感情は、どんなものであれ、「なかった」ことにはできません。時間を置いて、どこかで噴き出てくるものです。怒りの感情が出てくるのはしょうがないです。「なくす」よりも「つきあう」方向で考えるほうが、現実的です。

②子育てのハードルをゆるく：「まぁ、よしとしましょう」

改めて考えたいのですが、そもそも、子育てをしているなかで、怒りやイライラの感情がなぜドカーッと出てしまうのでしょう？　どういうときに怒りがこみあげてくるのでしょう？

親御さんの話を聞いているかぎり、怒りやイライラがこみあげてくるのは、「子育てが思い通りにならない」「子どもが思うように動かない」場合に多いように感じます。

「早く寝てほしいのに、寝ない」「野菜を食べてほしいのに、口からダーと出す」「宿題を全然やらない。口を酸っぱくして注意しているのに、気がつけばニヤニヤしながら YouTube」……などなど。親が思い描いている子ども像に子どもが近づかないとき、イライラしてしまうように思います。

これらの思いは、子どもの成長を願ってのことで、一概に否定すべきものではありません。しかし、保育者や教師、友人の手を借りにくいいまは、この「思い通りにしたい」という願いが、子育てのハードルを高くすることにつながります。

「まぁ、よしとしましょう」という、寛容の精神でいきましょう。子育てのハードルを下げることが、いまは必要です。「朝一〇時半まで寝ていても、まぁ、よしとしましょう」「ゲームをいつもより長くやっていても、まぁ、よしとしましょう」「ふすまに穴があいても、まぁ、よしとしましょう」の精神でいきましょう。

コロナはすぐに終息しませんので、いまは生活リズムが乱れていても大丈夫です。登校日が近づいてきたら、徐々にリズムを直していけばいいだけの話です。学習についても、受験生は心配があるかと思いますが、それ以外の子どもたちは焦らなくて大丈夫です。いま、学校から出ている課題の多くは、地域差はあれ、プリント学習程度です。焦る必要はありません。

渦中にいるので私たちはマヒしていますが、今回のコロナ禍は、間違いなく世界の歴史に残る大きな事件です。私たちが思っている以上に、相当なストレスがかかっています。命を守り、かつ、親子間に変なこじれを起こさずに、お互い平穏に過ごしきることが何よりの目標です。

③自分をゆるす：社会のまなざしをいったん捨てる

「子どもが思い通りにならないとイライラしてしまう」というのは、けっこう根が深い問題です。問題の根っこは、子どもにイライラすることそのものではありません。子どもを思い通りにさせられない自分にイライラしている。それが根っこです。

だから、子育てのハードルを下げるだけではなく、最終的には、自分をゆるし、ほめたたえることが必要になります。

それは簡単なことではありません。私たちは、社会から、「呪詛」ともいうべき強いノロイを受けています。「よい親は三食手づくりすべきである」「よい親は子どもの生活リズムを整える」「よい親は子どもの学びをやめさせない」「よい親は子どもにゲームをさせすぎない」……これらは、なかば常識化していますが、そーーーんなことは全然ありません。

三食手づくりでなくても子どもは育ちます。思春期の場合、むしろ朝型のリズムは、子どもの発達にはよくないという知見も出てきています。WHOは、この巣ごもりの時期、ゲームを推奨しています。もちろん、さまざまな意見はありますが、少なくとも、「よい親は○○すべき」というノロイの多くには、専門的な見地からすれば、必ずしも確たる根拠はありません。

私たちは、社会がある意味無責任につくりだした「よい親は○○すべき」というノロイを、常識として自分の心のなかに入れこんでしまい（内面化してしまい）、それに縛られて自分自身と子どもを苦しめているように思います。園や学校、学童、放課後等デイサービス、塾などに頼らず、家庭だけで子どもを見るのは本当に大変なことです。社会からもたらされる「ねばらない」のノロイから自由になって、「いろいろあるけど、まぁ、よしとしましょう」という寛容の精神で、自分をゆるし、頑張っている自分をほめることが必要です。

カップラーメンでも、まぁ、よしとしましょう。子どもは、ニコニコしている親の顔を見ているのが一番好きなんですから。

「まぁ、よしとしましょう」の子育ての先にあるもの

「『まぁ、よしとしましょう』って、そんなのんびりしててええんかい！」という声もあるかもしれません。たしかに……。

ですが、私は二つの意味で、「まぁ、よしとしましょう」の精神が大事だと考えています。こう考える一つ目の理由は、**いまこそ寛容の精神を身につけるチャンス**だからです。社会に不安と怒りが噴出するなかで、寛容さを保ち続けるのは実はとても難しいことです。しかし、寛容さはいまこそ大事です。「正論」の陰で排除されがちな立場にある人の声を聴こうとする想像力がないと、寛容の気持ちは湧いてきません。そして、連帯はこのような寛容性からしか生まれません。

親のふるまいは、確実に子どもに伝わります。いまは、危機的な状況を冷静に把握したうえで、子育てのハードルを下げることが重要です。

二つ目の理由は、**「まぁ、よしとしましょう」の生活のなかからこそ、子どもの「やりたい」という気持ちが生まれてくる**からです。

「〇〇せねばならない」の空気が緩んだとき、子どもたちは、ちょっとずつ試行錯誤しながら、自分のやりたいことを見つけていきます。もちろん、見た目には、そう大きな変化はないかもしれません。しかし、宿題や部活や生活リズムの縛りから離れると、子どもは「ちょっと走ってみようかな」と新たなことを始めたり、「強いカードなしでポケカをやろう」とみずからルールをつくって遊びを展開し始めたりします。また、時間がありすぎてレゴで超大作をつくって、自由に遊び始めたりもします。自閉スペクトラム症のある子どもであれば、たっぷり時間があるいまこそ、これまで「こだわり」と言われて制限されてきた自分の好きなことに思いっきり取り組めます。プラレールを用いた動画撮影などもゆっくりできますよね。

これまで無自覚にかかっていた制限から自由になることで、「やりたい」ことが見えてきます。そういう意味では、いまは、いいチャンスです。

この二点目は、子育てのハードルを下げる、というよりも、子育ての本質です。実際、このあたりの勘所をつかんでいるご家庭では、案外、コロナ禍のなかでも、子どもは、のびのびと過ごしているのではないでしょうか。

学校に向けて——子どもの声を聴いてほしいなぁ

少し話は変わりますが、学校の先生にはぜひ子どもの声を聴いてほしいし、先生の声を子どもに届けてほしいなぁと思います。

子どもがいる知人からは、「宿題が自宅に送られてきておしまい」「宿題を渡されただけで、その後、何も連絡なし」という公立学校の対応をよく聞きます。個々の家庭の通信環境の問題もあって、オンラインでの授業はなかなか難しいのでしょう。そのなかで、学習課題を渡してくれるのは、保護者にとってありがたいものです。

ただ……プリントを渡す程度なら、ドリルを買えば済む話です。その程度の学習は、学校再開後に追いつくことができます。

それよりも、まずは、子どもの声を聴いてほしいし、先生の声を聴かせてほしいものです。ある特別支援学校では、先生方が、それぞれの専門を生かして、動画をつくって、子どもたちにDVDで送っているそうです（YouTubeにアップしてもいいのですが、それだとほかの動画を見てしまうこともあるし、通信環境も家庭によって異なるためだそうです）。その動画では、先生方が距離を保ちながら踊ったり、校庭の畑作業のなかで見つけた虫をうれしそうに解説したりして、メッセージを送っています。子どもたちは大喜びとのこと。

この取り組みは、学習というよりも、「あなたのことを大事に思っていますよ」という、個々の子どもに対する「ケア」の側面があります。

現状を大人以上に不安に思っている子どもも少なくありません。ちなみに、日本の子どもの切実な声は、国際NGOのセーブ・ザ・チルドレンがまとめています。生の声が多く載せられていて、参考になります[3]。

「勉強させねば」も大事ですが、子どもがいまどう思っているか、先生がどう感じているかの声がお互いに届けばいいなと思います。単に「学習」だけに先生の目が行ったとき、コロナが終わった後、「塾のほうがいいじゃん」「オンライン学習でいいじゃん」となりかねません。学校は「お勉強」だけの場ではないことを、再確認してほしいと思います。とくに、障害のある子どもや家庭的にしんどい子どもにとって、ケアの役割は、学校が学校たる大きな意味であると思います。

もっとも、お互い完璧さをめざすとしんどくなります。長期にわたることですので、できるところ、やりたいところから、じわじわとですね。

[1]「発達障害児、窮地　在宅でリズム崩し自傷　親もストレス懸念」東京新聞（TOKYO Web）、二〇二〇年四月二五日（https://www.tokyo-np.co.jp/article/17037）

[2]「隣組と攻撃性」内田樹の研究室、二〇二〇年四月二七日（http://blog.tatsuru.com/2020/04/27_1819.html?fbclid=IwAR2PYVq0XIPwTYcFRdQ2I4CpMkmEz5q4ytZD4VZfTNFj_ALjNfZX5xiLRWs）

[3]「子どもの声・気持ちをきかせてください！　二〇二〇年春・緊急子どもアンケート全体版報告書」公益社団法人セーブ・ザ・チルドレン・ジャパン、二〇二〇年五月三日（https://www.savechildren.or.jp/scjcms/sc_activity.php?d=3252&fbclid=IwAR347YWxdaKQdHTVI635pXqApmbIbfGKrXK5Cr30Z27TaiOwh1a2YXliu0k）

コラム3

子どものけんかってすごい

発達的理解と対応

学童保育で働かれている方々のなかには、日々勃発する子どものけんかに頭を悩ませている方もいるのではないかと思います。こちらのけんかを仲裁していたら、あちらでけんかが起こり、そのけんかをおさめているうちに別の子が絡んできて、騒ぎが大きくなり、何が何やらわからなくなる。最後には、なぜか自分が一番グワングワン興奮したりして、仕事が終わる頃にはどっと疲れが出てしまう……。

このような日々のなかにいると、「けんかをおさめるにはどうしたらいいか」「どうしたらけんかをなくせるか」と考えがちです。もっともだと思います。ただ、けんかの原因はさまざまです。そのため、子どものけんかの対応は「こうすればよい」と明確に答えることは難しいです。

ただ、子どもの視点から、「けんか」の意味について考えることはできます。このコラムを通して、「答え」というよりも、子どものいつもとは違う顔や、「ちょっと違うかかわり方をしてみようかな」というアイデアが浮かんできたらうれしいです。

けんかについての相談が少ない

私は、普段は大学で発達心理学を教えています。加えて、巡回相談員として、幼稚園や小学校によく行きます。

学校の先生からさまざまな悩みをうかがうのですが、この原稿を書きながら、ハタと気づきました。けんかに関する相談がほとんどないのです。

もちろん、子ども同士のトラブルについての相談はよくあります。でも、その多くは、「キレる」「いじめ」などのトラブルです。

たとえば、友だちにからかわれてカッとなって本を投げてしまうという小学二年生の子どもについて相談を受けたり、友だちのものがほしいときに、友だちの目を突くまねをしてしまう三歳児についての悩みを聞いたり、などです。さらには、ある「気になる」子が、ほかの子どもにからかわれ続けるという相談を受けることもあります。このような、「キレる」「いじめ」に関する相談が多いのです。ところが、「けんかが多くて困る」という相談はほとんどありません。このことは何を意味するのでしょうか。

一言でいえば、「けんかができるってすごい！」ということです。具体的には、二つの意味があります。

けんかができるってすごい！その1――コミュニケーションの発達

「キレる」というのは、瞬間的なトラブルです。それに対し、けんかは、一方が「おまえ、ムカつく」と言えば、もう一方も「そういうおまえこそ、ムカつくんじゃ！」といった継続的なやりとりが必要です。

さらに、けんかが成り立つには、双方向的なやりとりも必要です。いじめは、「いじめる - いじめられる」という一方的な関係です。それに対し、けんかは、力の差はあったとしても、お互いが「攻撃しあう」という対等な関係がないとできません。

こうしてみると、けんかというのは、継続的かつ双方向的なやりとりができてこそ成り立つものです。子どものコミュニケーションの発達を研究している者からすれば、**「キレる」「いじめる」**で終わらずに**「けんかができる」**ってすごい！　と素直に思います。

学校と学童保育では、同年齢か異年齢かなどの違いがあるので、単純に一般化することはできません。ただ、少なくとも学校現場においては、トラブルの中身をみると、「キレる」「いじめ」が多く、「けんか」が少なくなっていることがわかります。このことは、継続的・対等なやりとりができにくくなっていることを表しているかもしれません。子どもたちのトラブルが、「キレる」だけなのか、それとも「けんか」になっているのか。そこから子どもたちの成長がみえてくるでしょう。

けんかができるってすごい！その2――自分を出せる

けんかができるってすごいなと思う理由が、もう一つあります。それは、自分自身の経験からきています。

私は、小学生の頃、通知表に「温和だが積極性に欠ける」と書かれるような子どもでした。それも毎年。「ニコニコしてるけど、座っているだけ。友だちに何か言われるとすぐに泣く」という子どもでした。実は、けんかをした記憶があまりありません。

ただ、もう少し正確にいうと、「けんかをしない」のではなく、「けんかができない」子どもでした。「けんかして、嫌われたらどうしよう」という思いもありました。それに、自分の感情を言葉にするのが苦手でした。自分の感情を言葉にして相手にぶつけたり、友だちの感情のこもった言葉を受け止めたりするだけの強さがなかったのだと思います。

そう考えると、けんかができるのは、自分を出しあえることの表れです。友だちとの距離が遠くなりがちな現代の子どもにとって、その意味は小さくありません。

幼児期から小学校低学年におけるけんかの発達

とはいえ、「けんかができるってすごい！」というだけでは、対応の道すじがみえません。そこで、けんかがどのように成立するかについて、まずは発達的な視点から整理してみましょう。

けんかの起源は、一歳半頃からみられるとされます。その原因の多くは、おもちゃの取りあいです。なお、発達心理学の領域では「いざこざ」という用語で研究されており、ここでは、それにならって「いざこざ」という用語を用います。

一歳半頃から、「これはぼくの！」「これは〇〇ちゃんのもの！」という所有意識が芽生えてきます。このような理解ができること自体はすばらしいのですが、「順番に使う」とか、「保育園のおもちゃでも、基本は先に使っている人が優先される」という理解までは困難です。そのため、「これは自分のもの」というそれぞれの主張がぶつかり、「いざこざ」が起こりやすくなります。また、話し言葉が十分ではないため「口論」にはならず、結果として、ガブッと噛んでおもちゃを奪うといった「かみつき」のトラブルもよくみられます。

繰り返しますが、このようなけんかができるのは、「これは自分のもの」と主張できる自我の力や、子ども同士でやりとりを続ける力が徐々に育ってきていることが根っこにあります。そのことは、しっかりおさえておきたいものです。

五～六歳になると、トラブルの原因は、遊びの順番やルールなど、目に見えないものにも広がっていきます。たとえば、ブランコの順番を待っている友だちを抜かして先に乗ろうとするといったトラブルや、ドッジボールで腕にボールが当たったのに「ここはセーフ」と急に例外をつくり、まわりの友だちとトラブルになる、といったことがみられるようになります。

また、言葉の発達にともない、「いざこざ」の中身が変わってきます。同じままごと遊びでも、年齢によって異なります。たとえば、三歳児では、「貸して」「ダメ」「貸して」「ダメ！」といったやりとりが続くことがよくあります。五歳児になると、「貸して」「ダメ」「じゃあ、ちょっと貸して」「違うお皿を貸して」といったように、柔軟なやりとりができるようになってきます。五歳児のこのような姿の背景には、なぜダメなのか「言葉で理由を言う」ことができたり、「貸すか貸さないか」といった白か黒かだけでなく「ちょっと貸す」「別のものを貸す」といった中間的な認識が発達してくることが関係しています。だからこそ、柔軟に「いざこざ」に対処することができます。

このように、言葉を用いてけんかができる、いわば「上手に口論ができる」姿は、小学校低学年になるとより複雑化していきます。たとえば、「〇〇ちゃんの言うことはわかるけど、でも、やっぱりそれはおかしいと思う」といったように、相手の気持ちを一定理解しつつ、自分の気持ちを伝えることができるようになってきます（もちろん、いつもできるわけではありません）。

けんかの対応で大事にしたいこと

冒頭で、「こうすればよい」という「答え」は難しいと書きました。ただ、個別具体的な対応の背景にある、大事にしたいことはあります。大きくは以下の三つがあげられます。

①けんかせざるをえない子どもなりの理由を尋ねる

ある小学生の子どもが、「先生には、けんかを止めようとするんじゃなくて、けんかの理由を聞いてほしい」と言っていました。シンプルですが、原則を述べていると思います。

どの子どもも、「けんかをしたらあかん」「叩いたらあかん」ということは、ホントはわかっているんですよねぇ。わかっているんだけど、でも、子どもなりの理由があって、友だちとぶつかったり、つかみかかったりしてしまうのです。

ひどいとっくみあいに対して、その場で制止することは必要でしょう。でも、子どもなりの理由があるはずです。制止したり、注意したりするだけではなく、子どもの言い分を聞いてみることが大事です。その際、子どもの言い分に多少飛躍があったとしても、頭ごなしに注意しないことです。大人が頭ごなしに注意すると、それは、子どもたちに納得をもたらすのではなく、「説得された」という思いを残してしまうことになるからです。

②自分の気持ちを言葉で言いあえるように

もう一つ大事にしたいことは、けんかをなくすのではなく、子どもたちが自分の気持ちを言葉で言いあえるようになることです。

障害のある人たちが働く作業所でのことです。常に職員とトラブルになってしまう三〇代の男性利用者がいました。発作があるにもかかわらず、仕事中に一人でこっそり買い物に行ったり、それを職員が注意するとカッとなってきつい言葉をぶつけたり、手をあげたりすることが続きました。ケース会議では、その利用者への対応をめぐってケンケンガクガクの議論が行われましたが、ある職員から「暴言であれ、言葉で言えるようになったね」という発言があったところから、議論の質が変わりました。「いかにやめさせるか」だけではなく、「その人の〝育ち〟」を確認・共有するまなざしが含まれるようになりました。

もちろん、乱暴な言葉だけをみればよいということではありません。しかし、「手をあげる行為」から「乱暴な言葉」に変わっていくなかに、その人の〝育ち〟がありますし、その変化の先に「適切な言葉で口論する」といった未来をみることができます。

言葉で気持ちを言いあえる「質の高い」けんかができるといいですよね。

③けんかでないときの関係性を大事に

ある小学六年生の女の子に、「けんかした後って、仲よくなるの？　それとも仲が悪くなるの？」と聞いてみました。すると、「うーん、もともと仲よかったら、けんかしても変わらないか、仲よくなる。でも、もともとあんまり仲よくなかったら、仲が悪くなるかな」と答えてくれました。

大事な見方を教えてくれています。それは、「けんかをどうするか」だけではなく、「けんかの前のつながりを大事にしよう」という視点です。

私たちは、けんかへの対処に頭を悩ませます。もちろん、それも大事です。ただ、この女の子が指摘するように、普段から良好な関係が築けていれば、一つや二つのけんかでは、子ども同士の関係性はよっぽどでないかぎり崩れません。逆に、もともとあまり関係がよくなければ、けんかを通して劇的に関係が改善することは、そうないでしょう。私たちは、けんかなどのトラブルのみに目がいきがちですが、けんかをしていない日々の営みのよい積み重ねを大事にしたいものです。

10 「休みに価値なし」のノロイ（2020・6）

六月に入り、多くの学校が再開しました。子どもをもつ保護者の方も、ほっとしていることでしょう。一方で、いろんな意味で詰めこみの学校に不安を感じたりと、なかなか先が見通せないところもあります。

まずは、コロナ禍真っ只中だった五月中旬のわが家のひとこまから始めましょう。

地球最後の日

わが息子氏（小学校低学年）、休みが続くなか、たっぷり寝て、『コロコロコミック』を熟読し、レゴブロックで大作をつくり、私とポケモンカードバトルをし、休みの日は念願のテレビゲームをして、巣ごもりを満喫しています。そんな折、ちょっとしたエピソードがありました。

この一年ほど、息子氏は、よく私に質問をしてきます。そのほとんどは、「お父さんは、クリスマス、サンタさんになにお願いするの？」とか、「一番好きなポケモンはなに？」みたいなことです。

その質問に答えた後、私が「で、息子氏は？」と聞いて（聞いてほしいみたい）、他愛のない会話が続きます。ちなみに、こういう会話はなぜか、お風呂に入っているときが多いです。

ある日のこと。息子氏が、衝撃的な質問をしてきました。

「お父さん。あしたが地球最後の日やったらどうする？」

え？　なにいきなり突然。どうしたの？

君は日々、鼻歌をうたっているけど、実は、コロナ禍に揺れる世界を憂いていたのか!!??

顔色をうかがいますが、うーん、よくわからず。

ひとまず「え、お父さん？」と動揺しつつ、「お酒のみまくるかな」と普通すぎる回答。

そして、「息子氏は？」と尋ねました。すると、

「ぼくは、だらだらするわ」


「すでに、めっちゃ、だらだらしてるやーーーーーーーーん!!」

……と、ツッコミをいれたかったのですが、彼のプライドもあるので自重。ふむふむと聞きます。衝撃すぎて、理由までは尋ねられず。

そして、少し時間があき、お風呂を出て、パジャマを着ているときにさりげなく、「息子氏よ、最近、だらだらして……る？」と尋ねると、「ちょっとだらだらしてる。でも、ちょっと前は宿題した」とのこと。もう五日前くらいの話……。

だらだらしている自覚はあるようです。それにしても、地球最後の日にだらだらか……。すごいなー。

ある小学校・特別支援学級の先生の声

コロナ感染がほとんど広がっていなかったある地方都市の小学校で、特別支援学級の担任をしている鴨井先生と、やりとりをする機会がありました。そのなかで、とても印象に残ったお話がありました。

分散登校が始まったところ、「特別支援学級に在籍している子どもたちが、前より落ち着いている」というのです。

世間での報道は、どちらかというと、「家に子どもが長期間いて、大変」という論調です。私自身も、障害のある子どもはストレスがたまって問題行動を見せることもある、ということを見聞きしていました。

このような認識をもっていたので、「子どもたちが安定している」というお話を聞いて、正直、驚きました。しかも鴨井先生は、通常学級で友だちとトラブルになって、途中で特別支援学級に入ってきた子どもたちも多く受けもっているそうです。

私の経験上、通常学級から特別支援学級に途中から移ってきた子どもは、さまざまな心の傷を抱えている場合が多いです。そのため、自分や他人を信頼することが難しくなってしまった子どももいます。ちょっとしたことで大声をあげたり、イライラがなかなかおさまらないこともあります。

なのに、鴨井先生は「落ち着いている」というのです。「え？　なんで？」と不思議に思いました。

その理由を尋ねてみました。返ってきた答えは、「学校がゆったりしているから」というものでした。

普段、学校はとても忙しい

学校は、私たち保護者が思うよりずっとずっと忙しいです。

その象徴が、休み時間です。実は、先生はもちろん子どもにとっても、休みがとれない休み時間なのです。

鴨井先生の小学校では、休み時間、委員会の仕事や運動会など行事の準備に追われます。どこの学校も同じだと思いますが、運動会や生活発表会の前には、それに向けて、自主的なものも含めて、休み時間に練習することが多くあります。

さらに、行事がない期間でも、休み時間が「休み」になっていないことは少なくありません。たとえば、休み時間に「みんなあそび」という活動が設定されていることがあります。これは、休み時間に「クラスみんなで遊ばなければいけない」というもの。

私が、とある小学校の四年生のクラスに入ったときのことです。六月下旬、とても蒸し暑い日でした。二時間目が終わり、二〇分の休み時間になりました。すると先生が、「みんなあそびするぞー！」と子どもたちに声をかけます。

「はて？　みんなあそび？」と戸惑っていると、ある子が「みんなで一緒に遊ぶ時間やねん」と教えてくれました。つまり、「みんなあそび＝クラス全員で遊ばなければいけない」時間なのでした。そ、そ、それは、「休み」時間なのか？

もちろん、みんなで遊ぶ時間があってもよいとは思います。そのなかで得ることも多いでしょう。しかし、問題は、「みんなあそび」が休み時間に行われることです。

「みんなとずっと一緒」がしんどい子もいます。授業中に難しい勉強を頑張ったので、休み時間はほっと一息つきたい子もいるでしょう。みんなと話しあいを頑張ったので、休み時間くらいは一人になりたい子もいます。暑いのが苦手で、静かに教室で絵を描いていたい子もいるでしょう。

でも、「みんなあそび」という「正義」の言葉は、そんな子どもたちの声を意識的・無意識的に封じこめます。そして、子どもたちは、心身をジリジリと疲弊・摩耗させていきます。

摩耗案件はほかにもあります。「授業開始三分前にはみんな着席して待っていること」といったルールもその一つです。一見正しいようですが、しかし、これ、大人だったらまずいですよね。労働中の休憩時間を、雇用主の都合で削減するのは労働基準法違反です。子どもだから許されるのでしょうか。

一日の授業が終わっても、まだ子どもは追いたてられます。鴨井先生の小学校では、その日の授業が終わっても、宿題ができていない子や悪さ（？）をした子に対して、「ペナルティ」として居残り学習をさせるそうです。

コロナでゆったり

ところが、コロナ禍になって状況が大きく変わったそうです。

行事そのものが中止になり、準備の時間がなくなりました。当然、委員会活動もないわけで、休み時間を委員会活動に使う必要もなくなりました。

それに、「密」になること自体がダメですので、長時間学校にいることも禁止されます。「居残り学習」もなくなったとのこと。そう、子どもたちは、休み時間を含めた学校での時間をゆったりと過ごすことができたのです。

鴨井先生は、加えて、教師もゆったりと時間を過ごすことができたと言います。運動会や生活発表会の指導をする必要がなく、子どもを「頑張れ頑張れ」と叱咤激励する必要もありません（ちなみに、「叱咤激励」というワード、飛沫感をすごく感じさせますね）。想像ですが、先生のまとうゆったりとした空気が、子どもたちにも伝染したのだと思います。

それに、分散登校のため、子どもの人数自体が少なくなっています。人数が少ないので、鴨井先生は、一人ひとりの子どもの声を聞くことができ、また、普段は十分できない授業準備にも取り組むことができたそうです。

もちろん、すべての子どもが落ち着いたわけではないでしょう。家庭で長く過ごすことでしんどくなっている子どももいることでしょうし、感染への不安を強く感じている子どももいるでしょう。

ですので、単純に一般化できるわけではありませんが、鴨井先生のご指摘に、すごく学ばされるというか、考えさせられました。

なぜ「子どもを休ませない」のだろう？

しかし……それにしても不思議なのは、休み時間になぜ休めないのでしょう？　放課後なのになぜ勉強するのでしょう？

もちろん、「子どものため」を思っての指導であることは理解しています。みんなと遊んで社会性を伸ばすとか、学力を向上させるとか、委員会活動で自主性を伸ばすとか……。わかります。

うーーーーん。でも、これって、社会人にたとえれば、休み時間に「みんなで遊ぼう」という名目で働かせ、就業時間終了後に「サービス残業」をさせているようなものです。端的に言って、異常です。

なぜ、私たちは、このような異常を異常と思わずに、むしろ「子どものため」の「正しい」ものとして、感じてしまうのでしょう？

私たちは何かにノロわれているのです。そうでないと、このおかしな理屈に対して説明がつきません。

「休みに価値なし」のノロイ

私たちは、**「休みに価値なし」のノロイ**にとりつかれているように思います。

もう少し具体的に言えば、「休むのは、ぼーっとしているだけで何も生み出さない」「休むのは家でもできる」「休むのは別にかまわないけど、それよりもっと大事なことがある」などなど、休みには価値がないと、意識するにせよしないにせよ、考えているのだと思います。だからこそ、休み時間にぼーっとさせずに、さまざまなものをぶっこんでしまうのでしょう。結果として、子どもを追いつめるにもかかわらず。

急いで断っておきますが、ある特定の先生や学校のことを批判しているわけではありません。保護者も含めた日本社会全体が、このようなノロイにとらわれていることを指摘しています。ですので、学校現場だけではなく、子育ての中心である家庭にも同じことがあてはまります。

そのうえでとなりますが、本当に休みに価値はないのでしょうか。

子どもの「休み」を考えるうえで、「子どもの権利条約」の三一条が参考になります。次のような文章です。

> 締約国は、休息及び余暇についての児童の権利並びに児童がその年齢に適した遊び及びレクリエーションの活動を行い並びに文化的な生活及び芸術に自由に参加する権利を認める。

締約国は、児童が文化的及び芸術的な生活に十分に参加する権利を尊重しかつ促進するものとし、文化的及び芸術的な活動並びにレクリエーション及び余暇の活動のための適当かつ平等な機会の提供を奨励する。

ここで注目したいのは、「休息」という言葉です。子どもの「休み」が、れっきとした権利として、いわばきわめて価値あるものとして認められていることがわかります。

もちろん、「権利条約」を金科玉条のようにして、「だから『休み』が大事なんだ。休息スタンダードを全国の小学校に一律に導入するぞぉぉぅ！」となっては、思考停止です。「休まないといけない」ノロイになってしまいそう。全然ぼーっとしてない……。

大事なのは、子どもが「休む」ことの意味や価値を、丁寧に考えることです。子どもの権利条約にくわしい増山均さんは、著書『「あそび・遊び」は子どもの主食です！』[1]のなかで、余暇や休息を「価値を問われない時間を保障すること」であり、「気晴らしやブラブラする権利」であり、要は「何もしなくてOK」ということだと解釈しています。

さらに増山さんは、子どもの権利委員会のジェネラルコメントを紹介しつつ、**「何もしない」ということのなかに、「子どもの創造性を刺激する」要素があると**主張されています。

たしかに!!

研究者の場合、オリジナルなアイデアが思いつくのは、散歩しているときや、寝ようとしたとき、誰かと雑談しているときなど、「休んでいる」ときが多いものです（ちなみに私の研究室の学生ケンくんは「居酒屋で友だちと飲んでいるとき」とのこと笑）。逆に、仕事をしているとき、とくに締切をとっくに過ぎた原稿をパソコンに向かって必死に書いているとき――つまり、いま、Now――は、意外とアイデアは浮かびません。

子どもも同じです。「決まりきった」学習に追い立てられているときに、創造的なことは起こりにくいものです。同じ漢字を一〇回、書き写しているときに、「おぉぉ、New漢字ひらめいた！」とはならないでしょう。

「価値を問われない時間」が保障されるなかで、子どもたちは安心して、何もしないことを含めて、何かを自由に遊びます。その余白のなかで、創造性が発露するのでしょう。

コロナ禍において、家庭でも安心して「休み」の価値を享受していた発達障害の子どもたちも多いのではないでしょうか。社会のルールや時間を気にせずに、自分の好きなことに取り組んでいたと思います。プラレールをじっくりつくったり、ラジオを分解したり、好きな電車をたくさん見たり、そうして、ある意味「無駄な、しかし、きわめて贅沢な時間」をたっぷり過ごすことが、心身の安定につながるはずです。そして、心身が安定してくると、いつもと違う遊び方をしてみたり、工夫を編み出したりするようになります。つまり創造性が芽ばえてきます。

教育研究者であり、高知県土佐町で議員をされている鈴木大裕さんも、「休校中の子どもたちは本当に学んでいないのか？」という記事[2]で、ご自身の子どもや周囲の子どもたちの変化を次のように述べています。

あまりにも暇な娘たちは、人に本を借りるようになり、休み中にたくさんの本を読んだ。絵もたくさん描いた。遠方の友達に手紙を書き、返事を楽しみに待つようになった。料理やお菓子作りにも挑戦した。山菜に興味を持ち、散歩の途中で見つけたフキなどを持ち帰るようになった。

また、最初は無気力に暇を持て余していた地元の中高生たちが、農家の田植えを手伝うようになり、メキメキと力をつけていく姿も私は見ている。

都会のあらゆる機能がコロナで麻痺している間も、山村ではいつも通り山菜が育ち、農家も自然のサイクルに身を委ねて生きている。そんな中で、最初は時間を「消化」するだけだった子どもたちも、少しずつ時間を「飼いならす」ことを学んでいるように私には見える。

私たちは、「休み＝さぼり・怠惰」とマイナスに考え、「何かをさせて、能力を伸ばさなければいけない」というノロイにとらわれています。このノロイの根っこには、子どものもつ力を信じていない、過小評価している子ども観が横たわっているように思います。

これからの学校、これからの家庭で大事にしたいこと

もっとも、このような問題意識から、学校の先生のなかには、保護者と協働しながら、少人数教育の実施について声をあげている方もたくさんおられます。たとえば、Twitterでは、「#少人数クラスでゆとりある教室を」というハッシュタグがつくられています。また、「ゆとりある教育を求め全国の教育条件を調べる会」は、少人数クラスは財政的にも人員的にも無理な注文ではない、という試算を出しています。

ただ学校再開の様子を見る限り、夏休みの短縮、授業時間の延長など、学校では残念ながら、まだまだ休めない状況が続きそうです。

家庭では、いまこそ、子どもの「何もしなくてもよい」という休む時間を大事にしてあげ

たいものです。

同時に、家庭での子どもの様子を、先生に伝えることも大事だと思います。学校の先生も困っていると思うからです。

たとえば、コロナ禍の最中、全国各地の学校で激烈な量の宿題が出されました。それを、出したくて出している先生は少ないと思います（そう思いたい……）。先生方も、親の声を聞けば、それが力になって、学校のあり方について職員室で声をあげられるようになると思います。

子どもへのケアがないまま、学校がいままで以上に休みを削っていけば、しんどくなって、学校に行けなくなる子どもが増加するのではないかと、心配しています（まぁ、そんな学校には無理して行く必要がない気もしますが）。

休んでばかりだと、ひきこもりになる？

「そんなにだらだらばっかりしていると、ひきこもりとかにつながるんじゃないか！」と心配されるかもしれません。しかし、まったくの逆です。

ひきこもりの人は、むしろだらだらできてこなかった人たちです。発達障害のあるひきこもりの人とかかわっていると、そのことを痛感します。親や教師の言うことを真面目に頑張って、でも、うまくいかなくて、それでも、頑張って、そして、叱責されて、それでも、頑張って、その結果、心も身体も動けなくなってしまったのです。

だから、ひきこもっている間も、まったくだらだらしていません。「これをしないといけない」「あれを頑張らないといけない」「世間を見返してやる」と思いつめ、休むことなく、家のなかでひとり苦しんでいます。

うつになった人の手記を見てもそうです。人間関係がしんどくてうつになる場合もあります。しかし、『うつヌケ』[3]というベストセラーになった漫画にもあるように、人間関係の問題ではなく、「頑張りすぎて」、つまりだらだらできずに、うつになることもしばしばあります。

こう考えてみれば、「休む＝怠ける＝ひきこもる」ではなく、「休めない＝ひきこもる、うつになる」のです。休みは、子どもの未来を考えても大事です。

地球最後の日は、だらだらDayに！

こうしてみると、わが息子氏の「地球最後の日はだらだらするわ」発言は、笑い話では終わらない深みを感じさせてくれます。

人間が最後の最後に味わう一番の贅沢は、だらだらなんでしょうね。だらだらは、子どもにとって元気をため、心を躍動させる根源的な栄養なのでしょう。

これからは、息子が日曜日、一六時頃になってもパジャマのままで、すでに七五〇回は読んだであろう『コロコロコミック』をニヤニヤしながら熟読しているのを見たとしても、「まだパジャマ？」とか「勉強かなんかしたほうがいいんじゃない」とか「せっかくの休みだから、サッカーでもしよう」とか言いたくなるのをこらえて（難しいですが……）、「ビバ！　だらだら！」の精神で接しようと思います。何より私もだらだら、ゴロゴロしようと思います。

最後に、鴨井先生のことばを記しておしまいにします。

「通常の学級でトラブルを起こして特別支援学級に入ってくる子どもが増えています。ですが、その子どもたちが安定していたことを考えると、これまで間違っていたのは子どもたちではなく、忙しくなりすぎる教室や、それを求める学校というものに問題があったのではないでしょうか――」

［1］増山均『「あそび・遊び」は子どもの主食です！―子どもの権利条約31条と子どもの生活の見直し』特定非営利活動法人子どもと文化の NPO Art.31、二〇一七年

［2］鈴木大裕「休校中の子どもたちは本当に学んでいないのか？―「自由」の中で不自由な子どもたち」論座、二〇二〇年五月一二日（https://webronza.asahi.com/national/articles/2020050900004.html）

［3］田中圭一『うつヌケ―うつトンネルを抜けた人たち』ＫＡＤＯＫＡＷＡ、二〇一七年

11 ノロイはどこからやってくる?

（2020・7）

なぜノロわれるのだろう?

ここまでは、ノロイの具体的な内容についての話をしてきました。たとえば、「できるようになること」にこだわるため、親も子もしんどくなる「やればできる」のノロイであるとか、「ちゃんとする」ことにこだわって、これまた親も子も追いつめられる〝ちゃんと〟のノロイ、さらには、休むことをオマケみたいなものとして見るがゆえに、子どもの心身の安定を奪いかねない「休みに価値なし」のノロイ、などを語ってきました。

それにしても……私たちは、なぜ、このような「やればできる」とか「ちゃんとしなければいけない」とか「休みはオマケ」みたいなノロイにとらわれるのでしょうか。

誰かが、あなたやあなたの子育てに対し、夜な夜なノロイの儀式を行っているわけでもありません。なのに、なぜノロイにかかってしまうのでしょうか。不思議です。

そこで、今回は、**「ノロイはどこからやってくる?」**と題して、子育てにおけるノロイの発生源を考えてみたいと思います。ノロイの源を考えることが、自分と自分の子育てを自由にする第一歩になります。

アメリカでのひとこま

少し遠回りなようですが、私が二〇一六年度、一年間暮らしていたアメリカの生活でのひとこまから始めます。

当時、私は、一年間自由に研究できる機会を得て、家族とともにアメリカ・ニューヨーク州にあるシラキュースという地方都市で生活を始めました。

普段のせわしない仕事から離れての刺激的なアメリカン・ライフ。

ヤッホー!!

……と言いたいところですが、大きな問題がありました。それは英語力。実は、いまいち英語が話せない、聞き取れないまま、アメリカに行ってしまいました（オイ……）。

たとえば、留学先の大学の事務の方に「ライブラリーに行きます」と英語で言ったところ、「え?」と聞き返される悲劇。まさかの「ライブラリー」が通じない。一対一の会話であれば、向こうも調整してくれるのでなんとか大丈夫なのですが、多人数のネイティブの会話になると、もうちんぷんかんぷんです。

研究室に行くのがつらくてつらくて、家で英語のドリルを必死に勉強する日々。高校生用の参考書で発音を必死に勉強していました。しかし、残念なことに、四〇のオッサンがすぐに英語を流ちょうに話せたり、聞き取れるようになるわけがありません。

「もうあかん」と思っていたときに、救世主が現れました。ウガンダからの留学生、トンプソンさんです。

彼は、ウガンダで中学校の教師をされたあと、アメリカに留学に来たそうです。研究室が同じだったこともあって、よく話をしていました。

……なのですが、正確に言うと、彼の英語がウガンダ風ということもあって、まじでなに言ってるかさっぱりわかりませんでした。

しかし、トンプソンさんは、にこやかに毎日五分ほど、私の様子をうかがうでもなく、陽気に話し続けるのです。そして最後は、「ウガンダに来いよ！」らしきことを話して、自分の研究を始めます。

さすがに毎日、私がポケーッと聞いているのを見たら、向こうも気づきそうなものです。しかし、そんな様子は一切なく、そして、私に探りを入れるような質問をすることもなく、終始ご機嫌でした。

このようなトークがしばらく繰り返されました。そして、突如、私は気づいてしまいました。

「トンプソン、まじでオレのこと気にしてないやん！」

すがすがしいまでに、彼は、私の反応を気にしていなかったのです。陽気に自分の話したいことを話して終了！　だったのです。

ここまで他人のことを気にしていない人に、生まれて初めて出会いました。日本人であれば、どれだけ夢中になって話しても、多かれ少なかれ相手の反応をみようとするでしょう。なのに、トンプソンさんは、まったく私の反応は気にしないのです。

猛烈に感激しました。そうか、こういうコミュニケーションもありなのかと。

それ以降、気が楽になりました。発音や聞き取り力を高めることは大事ですが、そもそもみんなは、それほど気にしていないのかもしれないなー、と思うようになりました。ヒアリングの勉強はやめて、トンプソン方式で、人の話はあまり聞かず、自分の言いたいことを話すようにしました。それが自分のできることであり、やりやすいことだったからです。

すると、こちらのペースに引きこめるからか、意外に相手の言いたいこともわかり、なんとかかんとか、やりとりが続いたり、深まるようになりました。

高嶋政宏『変態紳士』

同じようなことが、高嶋政宏さんの著書『変態紳士』[1] にも書かれていました。

ギョッとするタイトルであり、かつ、内容は、高嶋さんが、ＳＭやグルメなど自分の趣味について熱く語るというものです。ＳＭを含め、その内容については、正直、共感できませんでした。茶葉のひらきかたに関する語りも、私には響かず（スミマセン……）。

でも、面白い本でした。

本書冒頭にある、変態に目覚めたきっかけの箇所に目がとまったからです。

高嶋さんは、脇役で出演したお芝居のなかで、「あれ？　おれ、誰にも注目されてないじゃん」と急に腑に落ちたそうです。それから、自分の好きなことが見えてきたとのこと。それが、結果として、ＳＭなど自分の好きなことに熱中することにつながっていきます。

ですので、ここで言う変態とは、単純に性癖のことを指すのではありません。「多数者の視線を気にせず、自分のやりたいことに、とことん忠実になる」ことを意味します。ちなみに「紳士」というのは、自分の好みを誰かに押しつけないし、人の好みを否定もしない、という意味です。

ノロイの源＝「他者からの視線」を基準にする自分の心

この高嶋さんの「あれ？　おれ、誰にも注目されてないじゃん」という気づきは、私がトンプソンさんに感じたことと重なります。どちらも、ノロイが解除された瞬間です。

私は、「アメリカでコミュニケーションをとるには、英語が流ちょうでなければいけない」と思いこみ、苦しんでいました。高嶋さんも、「芝居はこうあるべき、役者はこうあるべき」というイメージにとらわれ、自分の好きなことが見えなくなるつらさを抱えていました。

しかし、「意外に気にされていない」という気づきをきっかけに、自分がやりたいことは何か、やれることは何かを探す方向に動き始めました。

私は、そして、たぶん高嶋さんも、「他者からの視線」を意識するあまり身動きがとれなくなり、そのなかでもがいていたのだと思います。「他者からの視線」にのっとられ、ノロわれてしまうわけです。もっとも、ここで言う他者とは、誰か特定の人を指すわけではありません。日本社会にいる一般的な他者です。ですので、「他者からの視線」を「常識」と言い換えてもいいでしょう。

また、もがくこと自体が悪いわけではありません。問題なのは、「他者からの視線」を絶対的な価値基準にしてしまうことです。そうなると、自分は何がしたいのかが自分でもわからなくなってしまい、ノロイから抜け出せなくなります。

この常識、ほんとかな？

子育てのノロイも、これまで話してきたエピソードと同じように、「他者からの視線＝常識」を、自分の子育ての価値基準にしてしまうことから来ています。

「他者からの視線＝常識」というのは、抽象的であるがゆえに、きわめて勝手気ままなものです。『はやね・はやおき・あさごはん』を実行できる親であるべき」「スマホ育児はしてはいけない」「男の子はやんちゃに育てるべき」「夫婦が円満であるべき」といった「よき親」像を、さまざまな親の個別具体的事情を無視して、求めてきます。

そして、この「他者からの視線」は、直接親に向けられることもあるでしょうが、たいていの場合は、空気のように、テレビや新聞、ネットなどを通じて、親のまわりに漂っています。よけいに厄介です。

なぜなら、その空気感のために、私たちは、その「べき」を自分の価値観として、知らず知らずのうちに取り入れてしまうからです。「朝ごはんをつくらなかった自分はダメだ」「男の子なのに、いつも家のなかで遊んでいる。困ったものだわ」などと、必要以上に自分の子育てをネガティブに捉え、子育ての自由度を狭めていきます。自縄自縛です。

そうしているうちに、自分が本当に子育てでしたいことが見えなくなってしまいます。だからこそ、私たちがすべきことは、ノロイを急いで解決しようとすることではありません。その前に、**自分をしんどくさせている「他者からの視線＝常識」がどこにあるのかを探し、その常識そのものを「ほんとにそれは正しいものかな？」と疑うことから始めましょう。**

次章が、いよいよ最終回。まとめとして、「ノロイ」をどうほぐしていくのかについて、考えていきます。

［1］高嶋政宏『変態紳士』ぶんか社、二〇一八年

12 子育てのノロイをほどく（2020・8）

さて、いよいよ最終章となりました。

連載中、毎回、締切に追われ続けて「長かった」という気持ちがある一方、コロナ禍でその時その時の気持ちを書いていたら「あっという間」だったなという気もして、不思議な感じがします。みなさんの日常の生活や子育ても、一つの感情ではとうてい表現できない一年だったかと思います。

さて、そんな特殊な状況下ではありますが、最終章ですので、子育てのノロイの「ほどきかた」について書いてみます。

その前に、まずは、そもそも「ノロイ」とは何か？　ということを振り返っておきましょう。

そもそもノロイとは

本書の方向性を考えるうえで参考にした本、上西充子『呪いの言葉の解きかた』[1]では、「呪いの言葉」を次のように説明しています。

相手の思考の枠組みを縛り、相手を心理的な葛藤の中に押し込め、問題のある状況に閉じ込めておくために、悪意を持って発せられる言葉。

「呪いの言葉」の例として、「嫌ならやめればいい」「やっぱり若さというのは価値の一つだと思うんです」などを挙げています。

子育てにおいても同様です。上西氏を参考にすれば、「子育てのノロイ」は以下の三つを満たすときに発動します。

①子育てにおいて「正しい」「そうすべき」となっている常識的な規範
②しかし、その規範は実は根拠があいまい。世間の願望やおしつけ
③にもかかわらず、その規範を「正しい」ものととらえてしまい、親も子も縛られる

たとえば、「女の子は赤のランドセル、男の子は黒のランドセル」というもの。これは、現在はだいぶほどけていますが、代表的・古典的なノロイの一つです。私が子どもの頃はとても強固なものでした。正確に言えば、強固と感じることすらない「当たり前」の感覚でした。

「女子＝赤／男子＝黒」の背景にあるのは、「男の子らしさ」「女の子らしさ」という暗黙かつ根拠のない「そうあるべき」という規範、つまりノロイです。

このノロイにかかっていると、たとえば、わが子（息子）が「赤のランドセルがいい」と言ったとき、親は「悪くはないな」と一瞬思ったとしても、その気持ちを封じこめて、「男は黒！」「学校でいじめられるよ」などと子どもを説得します。しかし、「息子が赤がいいと言った」事実は、心のなかに残り続けます。さらに、その事実を否定する根拠は、親自身も実はよくわかっていません。モヤモヤが残ります。

この「気持ち悪さ」は、まわりまわって子どもの「やりたい」という好奇心を削ぎま

す。そらそうですよね。「これがいい」「こういうことしてみたい」と子どもが言ったことを、「大人（世間）の常識」で「ダメ」と、根拠なく否定しているのですから。「男の子のランドセルは黒」といった指示が積み重なれば、親の言う通りにしておこうと思うほうが合理的です。実際、「男らしさ」「女らしさ」を求めることが、子どもの好奇心を奪うことが研究からも明らかになっています[2]。

このような子育てにおけるノロイは、本当にあちこちに転がっています。だからこそ、本書では「できるのがよい」「ちゃんとしたほうがよい」「やればできる」「休むより頑張らせるほうがよい」といったノロイを取り上げてきました。

障害のある子どもとノロイ

このようなノロイの被害をとくに受けやすいのは、障害のある子どもたちです。ノロイは、社会＝多数者の常識（願望）にあわせてつくられているからです。

学校における「じっと座って授業を受ける」という規範を例に考えます。「じっと座って授業を受ける」ことは当たり前のように思えます。でも、本当にそうでしょうか。授業は必ずしもじっと座って受ける必要はありません。ちょこちょこ動きながらのほうが集中しやすい子どももたくさんいます。

とくに、障害のある子どもは、その障害ゆえに、じっと座って授業を受け続けることができない場合があります。ちょこちょこ動きながらであれば、じっとしているよりもはるかに理解できる場合があるにもかかわらず、「じっと座る＝よい」という規範のために苦しめられます。

とくに、発達障害のある子どもたちは、ぱっと見ただけでは、その障害がわかりづらいです。そのため、周囲から障害を理解されにくく、ノロイが親にも子どもにもよく効きます。「かしこいのになんでじっとできへんの？」「親が甘やかしてるからちゃうの？」などと、波状攻撃的に親子にノロイが襲いかかってきます。

さらに問題があります。ノロイには、親や子ども自身にも、それが正しいと思わせてしまうという悪い効果があります（ノロイの内面化、というもの）。そのため、親は「子どもをじっとさせなければ」と思いつめ、子どもも「じっとしなければ」と思いこみ、自分たちを縛り苦しめることになります。

「いろいろ工夫して、じっとできるようにすればいいやん」と思う方もいるかもしれません。それが可能な場合もあります。しかし、障害のある子どもは、健常児以上に多大な労力・努力が必要です。それに、多少の工夫でじっとできるようであれば、そもそも障害ではありません。このような発想自体が、まさに「やればできる」のノロイにはまりこんでいるといえます。

ノロイをほどく

このように、知らず知らず私たちの心身に入りこんでいる「子育てのノロイ」を、どのようにほどいていけばいいのでしょうか。

四つの「ほどきかた」を書きます。なお、以下を書くにあたっては、神代健彦『「生存競争」教育への反抗』[3]を参考にしています。

✤「ノロイをほどく」1：いまの社会のおかしさを知る

一つは、そもそも、いまの社会が異常であり、その社会のおかしさがノロイの発生源であることを知ることです。

現在、日本社会は「先が見えない」とよく言われます。雇用が不安定になったり、「AIに仕事をとられる」といったこともよく耳にします。貧困家庭も増加しています。そのため、先の見えない社会で生きていけるように、テストの成績はもちろんのこと、意欲であるとか、情動的な知性だとか、コンピテンシーだとか、グローバルスキルだとか、さらにはなんだかよくわからない「非認知能力」など、子どもはありとあらゆる能力を身につけることが求められるようになってきています。大変です。

このようなありとあらゆる能力を子どもに身につけさせようとして、親も努力します。学習塾はもちろんのこと、早期から英会話を習わせたり、プログラミング教室に通わせたり、水泳教室に通わせたり……。結果、学力や体力を身につけつつ社会性を伸ばすといった、ウルトラC的なことが要求されるようになっています。ほんまに大変です。

しかし、冷静に考えてみれば、そこまで親が頑張らないといけない社会って、おかしくありません？　必死に子育てをしても、非正規雇用が三割を超える中流崩壊した社会が現実としてあります。しかも、万一、働けなくなったときの生活保護の受給に対しても世界トップクラスの冷たい視線が向けられる社会です。

そんな社会だからこそ、私たちは、自分たちが意識する以上に、子育てにたくさんの時間やお金をつぎこまざるをえない状況に陥っています。そして無理するからこそ、「教育虐待」という言葉に代表されるように、子どもを、そして親自身を追いつめてしまうことがあります。社会が「一億総活躍」しなくても、誰でも安心できる設計になっていれば、子育てがこれほど窮屈にはならないはずです。

ノロイの発生源は、あなたや子どもにあるのではありません。あなたは何も悪くないのです。いまの社会がおかしいのです。

もちろん、「社会が悪い」と言うだけですべてが変わるわけではありません。しかし、まずはこのような認識をもつことが、大前提です。この自覚抜きに、ノロイがほどかれることは絶対にありません。

✤「ノロイをほどく」2：子育てに期待しすぎない

二つ目は、自分の子育てに期待しすぎないことです。子育てで、子どもを自由に変えることはできないからです。子育ては万能ではありません。

このように書くと、「なんて冷たい！　ノロイをほどく、もっと生産的なアドバイスを！」と思われたかもしれません（すみません……）。

ただ、科学的に見れば、子育ての影響力はそれほど強くないのです。行動遺伝学者の安藤寿康氏は、知能や学業成績など多くのことは、子育て環境よりも遺伝的な影響のほうが大きいと指摘しています[4]。もちろん、子育てに代表される環境の影響も無視できません。ただ、科学的にみれば、それ以上に、「生まれつき」の部分が大きいのです。

親子で、体つきはとても似ています。子どもの後ろ姿を見ただけで、「うわ、お父さんそっくり」と思うほど身体的に似た親子も多いことでしょう。それだけ体つきが似ていれば、「心つき」も似ていると考えるのが自然です。親に似て「かしこい」子どももいれば、親に似て「おっとり」した子どももいる、そういうものです。生まれ落ちた後の子育てだけで、子どもを思い通りに変えられるはずがありません。

急いで断っておきますが、だからといって、「子育てはどうでもいい」と言うつもりはありません。ここで言いたいのは、「子育てで子どもをどうにでもできる」という信念が厄介だということ。期待しすぎると、「できる」のノロイにリビングが支配されてしまいます。

✤「ノロイをほどく」3：子育ての役割は安楽さにある＝「できる」場ではなく「いる」場を

子育てに期待しすぎないといっても、子育てが果たすべき役割はたくさんあります。その一つは、「安楽さ」です。これが三つ目のノロイのほどきかたです。

最近のわが家のエピソードを一つ。帰宅すると、思春期真っ只中の娘が、「なんで勉強せなあかんねん！　ウォー！」（大意）と吠えていました。

コロナ禍で、課題も多く、蒸し暑く、イライラも募っていたのでしょう。休校の遅れを取り戻そうと、学校での勉強のペースも速くなっていたはずです。イライラがピークのせいか、私と視線が合うだけで、目を三角にしたまま、「ウリャー！」（大意）と吠えます。

あちゃー、と思いながら、娘に「足、踏んだろか」と言いました。しんどくなった人がうつぶせになり、誰かがその足の裏を踏んであげるという、わが家のリラックス文化です。すると、娘氏、雄たけびはおさまり、「うん」と一言。

娘の足を踏んでいると、娘の心とからだが柔らかくなっていくのがわかります。しばらく踏んだ後、「お父さん、ありがとう」と言い、自分の部屋に戻っていきました。

取るに足らないエピソードです。でも、「安楽さ」ってこういうもんだよなと思います。

子どもをほめたり、叱咤激励したりして、「できる」ようにさせたわけではありません。もっといえば、直接、なぐさめたわけでもありません。そうではなく、子どもが安心できる場や、落ち着ける雰囲気をつくるという「安楽さ」を提供しただけです。それだけではあるのですが、「安楽さ」が、子どもみずからが世界に対峙するエネルギーになっていることがわかります。

社会参加へのハードルが高く、かつ多くなるに従い、子育ての「学校教育化」が加速しています。「できないことをできるようにする」という「できる」の匂いが家庭にも充満しがちです。しかし、学校と家庭は違います。家庭ならではの意味は、安楽さにあります。

学校が「できる」ことを求める場とするなら、家庭は安心して「居る」場と表現できるでしょう。

家庭が、「できる」場ではなく、安心して楽しく「居る」場になればいいなぁと思います。そして、その秘訣は、第5章にも書いたように、子どもの幸せを祈ってご飯をつくるといった日常の営みそのものなのだと思います。

✤「ノロイをほどく」4：豊かな世界と出会わせる

「安楽さって、結局、だらだらしとったらええで、ってことかいな」と言われそうです。個人的には、「はい、そうです」と思います。ただ、もう一つ、親の仕事があると思います。

それは、子どもを豊かな世界と出会わせることです。

あ、もちろん、豊かな世界といっても、ハワイに行くとか、どこかの社長に出会わせるとか、日常の生活と切り離された派手な豊かさではありません。

日常の生活の延長線上に、家庭や学校では味わえないおもしろい世界、おもしろい人、よくわからない大人はたくさんいます。そんな豊かな世界や人と出会いましょう、という意味です。

『15歳のコーヒー屋さん』[5]という本があります。著者は岩野響さん。アスペルガー症候群という発達障害のある少年が、不登校などしんどい経験をしながら、最終的には、ご自身の鋭敏な感覚や、特定の関心をとことん追求する性格を活かして、コーヒー屋さんを始めるという内容です。テレビでも紹介されたので、ご存知の方もおられるかもしれません。

ほっとしたり、考えさせられたり、何よりなんだか気持ちが温かくなる素敵な本でした。そのなかでもとくに印象に残ったのは、コーヒー屋さんを始めるきっかけです。ご両親のお店にやってくる仕事関係の人から、「そんなにコーヒーが好きなら、焼くところからやらなきゃダメよ」と、手回しの小さなコーヒー焙煎機をゆずってもらったことが転機になったそうです。

ほかにも親御さんの知人・友人が、コーヒー豆を持ってきてくれたり、「あそこの店のコーヒーがおいしいよ」と教えてくれたり、さらには地元の大型焙煎機を見せてもらったり。どんどん世界が広がっていったことが描かれています。

「なんかええ話や」と読んでいました。しかし、よく考えると、知りあいの人が、手回し焙煎機くれるってなかなかないですよね！　自分の好きな世界に共感すると同時に、もっと深いところがあるんだよ、と豊かな世界に出会わせてくれる大人ってサイコーだよな、と思います。

もし、岩野さんが、焙煎機をくれるような大人と出会わなければ、「学校に行く・行かない」という狭い世界のなかで悶々と悩み続けていたかもしれません。学校以外の世界・人に出会ったからこそ、「学校に行かねば」というノロイから距離をとり、自由になれたのだと思います。

豊かな世界に出会うことは、子どもに「異なるモノサシ」を手渡す一つのきっかけになります。

なお、誰とでも出会わせればいい、というわけではありません。少なくとも、「これはやばい」という人は避けたほうがいいでしょう。「やばい」人の代表は、「子どものため」「〇〇ちゃんのため」といった言葉を声高に連発して近づいてくる人です。「子どものため」は、たいてい、そう言う人が自分の行為を正当化するための方便になっているからです。しかも、反論しにくい。まさにノロイ……。

そのあたりの「やばい人」を、子どもが見分けるのは相当難しいです。こんなときこそ、親の出番です。「やばい人」を避けつつ、なんだかようわからんけど、面白く、かつ、子どもを傷つけない人とどんどん出会わせたいですね。その結果どうなるか予想はつきませんが、きっとその世界を味わうなかで、子どもは新たなモノサシを手に入れ、ノロイから自由になっていくことと思います。

まとめにかえて

本書を書きながら思ったのは、子育てや子育てをとりまく社会がどんどん窮屈になっていることです。日本の衰退がじわじわと迫ってきているからかもしれません。そんな窮屈感が、ノロイをしぶとくさせているのでしょう。

この社会での子育ては困難だな、と率直に思います。困難だからこそ、意識して、家庭のなかに「だらだらほっと」できる場をつくる必要があるなと自戒をこめて感じています。

それだけでいいのかい！　という声が聞こえてきそうです。たしかに……。でも、子どもは、すごいんです。

安心して楽しい場に浸ったら、そして、豊かな世界と出会ったら、子どもは自分自身で変わっていき、社会に踏み出せる力をもてるようになります。だまされたと思って、ちょっとだらだらしてみてください。

それでは！　またどこかでみなさんと出会えることを楽しみにしています。

[1] 上西充子『呪いの言葉の解きかた』晶文社、二〇一九年
[2] Bian, L., Leslie, S.J., Cimpian, A.: Gender stereotypes about intellectual ability emerge early and influence children's interests. *Science* 355：389-391, 2017.
[3] 神代健彦『「生存競争」教育への反抗』集英社新書、二〇二〇年
[4] 安藤寿康「残酷な『遺伝の真実』あなたの努力はなぜ報われないのか」現代ビジネス、二〇一七年一一月一五日（https://gendai.ismedia.jp/articles/-/53474）
[5] 岩野響『15歳のコーヒー屋さん―発達障害のぼくができることからぼくにしかできないことへ』KADOKAWA、二〇一七年

特別鼎談

いまどんな気持ち？

赤木和重

×

常田美穂（つねだ・みほ）

NPO法人わははネット。臨床発達心理士。専門は発達心理学。地域子育て支援拠点（子育てひろば）で、育児講座・発達相談を担当。ひろばスタッフとともに、子育てをもっと楽しむことのできる環境づくりについて日々考えています。

×

苫野一徳（とまの・いっとく）

熊本大学教育学部准教授。哲学者・教育学者。公教育の本質としての「自由の相互承認」の原理を土台に、「学びの個別化・協同化・プロジェクト化の融合」などへの「学び／公教育の構造転換」に向けた研究・実践活動を行っています。

世間のノロイ

赤木　今日はお二人ともお忙しいところありがとうございます。私の文章だけでは十分伝わらなかった点もあると思いますので、お二人の助けを借りながら、最近の子育て状況などについていろいろ話しあえればと思います。

苫野　原稿読ませてもらいましたけど、めちゃくちゃ面白かったですよ。

常田　うん、面白かった！

苫野　「ノロイ」っていうテーマなのに軽い気持ちで読めて、救われるし。トンプソンさんの話とか、最高に笑わせてもらいました。あと、「早くもノロイが思いつきません」とか。

常田　あはは。連載の五回目くらいで。

赤木　早すぎですよね（笑）。

苫野　さすが、関西人です。あ、こんなこと言っちゃうのは「関西人のノロイ」かな。

赤木　いや〜ありがとうございます。ただ、子育てを語るトーンってけっこう難しいなと思いながら書いてたんですよ。「ありのままで大丈夫ですよ」って言ったほうがいいような気もするし、「こうしましょう！」って力強く言ったほうがいいような気もするし。でも、いずれもなんだか違う気もするし。結局、この連載で、僕は「ゆっくりやりましょう」しか言えてないんですよねぇ。常田さん、親御さんの相談を受けてて迷いません？

常田 赤木さんの文章を読んでると、私が育児相談でお母さんたちに話すときに気をつけてることにすごい共通する部分があって、「おぉ！」って思ったんですよ。

赤木 ほほぉぉう！

常田 みんな「どうしたらいいですか」って、方法を聞いてくるんです。それに対して私は、思いっきり違うところに視線を飛ばすようにするんです。たとえば「子どもが離乳食を全然食べてくれないんです」って言われたら、「一番よく食べるのは思春期なので、いま食べなくても大丈夫です」って答えて、視線を遠くに飛ばす、視野を広げるというんですかね。あともう一つは、「でも、そんなこと言われても、今日、離乳食をあげないといけない」っていうのがあるじゃないですか。

赤木 そうなんですよ、そうなんです。

常田 「じゃあ、一口食べたらよしとしましょう」とか、「一〇分泣いたら抱っこしましょう」とか、すごく具体的にいまできることをアドバイスする。その両方をセットで提示することをいつも心がけていて。そこがとても共通してるなと思いました。

赤木 なるほど〜〜。「機嫌よくやり過ごす」って感じかもしれませんね。「長い目でみたら大丈夫やで」というのと、「とりあえずこの場をしのごう」の二つがセットっていうのは。

「おまじない」みたいな感じかもしれませんね。

常田　私は子育て支援拠点という、親子が遊びにくる場で活動していて、そこでお母さんたちからいろいろ相談を受けるんですが、赤木さんの「ノロイ」っていう言葉が、すごく言い当ててるなと思って。ノロわれています、現在の子育ては（笑）。自然体で子どもを見るということが難しい親御さんが多いんですよね。インターネットとか、人に言われたこととか、いろんな言葉が先に入ってきちゃって、「それをしないといけないんじゃないか」って考えて、苦しくなってる。ほんとは子どもが表現していることに応答していけばいいんですけどね。子どものことをよく見ずに、「どうしたらいいんですか」って聞いてくる。

苫野　「世間のノロイ」っていう感じ、ありますよね。こうでなければいけない、とか。

常田　まさに。

苫野　たとえば公園に行くと、お母さんお父さんが子どもに「ダメ」「危ない」「やめなさい」ってしきりに言うのが聞こえてきます。自分の子どもがよその子のところにバーッと行こうとしたら、「やめなさい！　ごめんなさいね、うちの子が」とか言って、そっちのお母さんに謝ったりして、何を謝ってるのかわからないんですが（笑）。そうこうしているうちに、子どもたちが何となく親の顔色をうかがいながら遊ぶようになっている。

赤木　その親御さんも、ほんとにダメだと思ってるわけではなさそうですよね。誰かから直接「ダメ」って言われたわけでもなくて、「世間」を読んで先回りして、「ダメ」って言ってる節が……。

苫野　勝手に世間の目を感じてるんですよね。「自縄自縛的世間」とでも言えばいいでしょうか……。でも、子どもはケガするしけんかするし、失敗するのが当たり前で、そこから学ぶわけだし、そういうことをさせないのは逆に成長の機会を奪うんだという意識が、世の中にもっと広がるといいなと思うんです。実はこれ、ジャン・ジャック・ルソーがすでに二五〇年も前に言ってるんですけどね。

「発達障害」の功罪

赤木　この本のキーワードの一つは発達障害ですけど、いま、お二人のお話をうかがっていて「世間のノロイ」と関係あるかもしれないなと感じました。発達障害の認知が広まったことで、障害を早くから無理くり治さないといけないというふうに、親を追いこんでいる面もあって……。

苫野　発達障害は、「早期発見・早期対応」が大事だってよく言われるじゃないですか。これにはどんな功罪があるんですか？

常田　うちに来ている子どもたちは〇歳と一歳がメインなんですが、子育てしにくい、普通ならうまくいく方法が通じなくてとにかく疲れる、どうしてそうなるかわからない、そういうなかで毎日過ごしている親たちに、「この子にはこういう発達的な特徴があるかもしれないね」とお伝えすることで、「そういう理由だったんだ」とわかって少しほっとできるというのは、よい面としてあると思います。ただ、診断はまだつかない時期なので、「この子の将来はどうなるんだろう」という不安が膨らんで、苦しくなることもあったりします。

赤木　早期から子育てしづらい、たとえばすごく泣くとか、寝ないとかでお母さんが疲弊している、そういう子どもには発達障害のリスクが高いので、そういったケースで早期に保護者のかかわり方や不安をサポートしていくことは意味があるし、どうすれば親子が一緒に楽しめるかということを専門家と一緒に探ることも大事だと思います。それは発達障害という見方が広まったことの功の面ですね。ただ、子育ては本来、安心して楽しむもののはずが、「発達障害」の認知が広まることで「とにかく早く障害を治さないと」という感じで親子を追い立てている側面もあって。ベクトルが変わってしまうと、しんどくさせる面もありますね。たしかに。

苫野　私の知りあいで、お子さんの一人がおそらく発達障害で、とにかく学校が合わないみたいで、すごく暴れたり叫んだり、家でもずっとそんな調子なので、お母さんがうつになっちゃって。私も専門家じゃないので、無責任なことも言えないし、話を聴くしかできないんですけど、こういう方をどこにつないだらいいのか、しばしば悩んでしまうことがあります……。

赤木　この本でも触れたんですけど、コロナで分散登校のときに、発達障害の子が落ち着いたっていう話をけっこう聞きました。すべて学校のせいにするわけじゃないですけど、いまの学校の、「みんな同じようにしないといけない」「ちょっとでも違うことをするとよくない」という雰囲気のなかで、傷ついている子はいると思います。発達障害の子がもつ「違い」を否定されることで、傷ついて荒れるという。コロナで運動会などの行事もなく、休憩時間に委員会もなく、それですごくゆったりした子がいるというのは、学校や教育のあり方をもう少し考えないといけないなと思いました。

より直接的には……学校にはスクールカウンセラーや通級指導の先生がいるから、相談してみるのがいいかもしれません。街中に児童精神科の病院やクリニックもありますけど、半年とか一年待ちのところも多いですよね。

常田　香川でもすごく混んでます。なかなか予約がとれない。

苫野　いま助けてほしいのに、それじゃあまり意味ないですよね……。

「教育」と「子育て」

赤木　せっかくの機会なので、私からお二人にお聞きしてもいいですか？　まず苫野さんには、「教育」と「子育て」の違いについて聞いてみたかったんです。子どもを育てるという意味ではどちらも同じだと思うんです。ただ、「教育」と「子育て」がごっちゃになってることが親を苦しめてる気もするんです。つまり、教育のつもりで子育てをして、しんどくなることもあるような……。

苫野　それはめちゃくちゃ面白い視点ですね。これまであまりしっかり考えたことはありませんでした。

教育のつもりで子育てをしてしまうっていうのは、つまり、子どもが幸せになれるよう愛情たっぷりに育てたいという親の一番の関心に、いつの間にか、もっと知的能力を上げなきゃいけないとか、もっと競争に勝ち抜ける子にしなきゃいけないみたいな関心が、どーんと覆いかぶさってしまっている状況のことと言えそうですね。

赤木　そうなんですよ。僕もそうなんですけど、やっぱり親って、ちょっとでも言葉が増えるように、たくさん漢字を覚えるように、計算が早くなるようにっていうふうに考えてしまう。そこに、よくない形で教育が加担しちゃうと、悪循環になるんだろうと思います。

夫婦別々のノロイ

赤木　それから常田さんに聞きたいんですが、僕は負い目があるんですよ、親として。子育てにかかわっている時間で言うと、やっぱり妻に比べると少ないわけですよ。わかったようなことを本に書いてるんですけど、お母さんがたがこの本を読んだら、理想論くさく感じるんじゃないかと心配で。

常田　ふふふ。

赤木　いやーーーー。

常田　理想論っぽいっていう印象は、私は受けなかったですね。語り口がすごくやわらかいし、上から目線で「こういうのが正しいんだ！」って言うんじゃなくて、私たちが身近に子育てのなかで感じているしんどさをすくいとって、その見方をちょっと変えるというふうに書いてくれてるので、読んでて気が楽になりました。

赤木　そうですか！　それはよかったです。

常田　赤木さんの「負い目」に関して言うと、以前、あるお母さんから聞いてすごいショックだった言葉が、「夫のことはＡＴＭだと思ってる」っていう……。

赤木　なんと！

常田　お母さんは「自分だけがやってる感」がすごく強いんですよ。でも、お父さんはお父さんで、子育てにかかわれないのがしんどい。やりたいと思ってるけど物理的に無理な状況のなかで、子育てしてないって責められるのはフェアじゃない、という感覚もあるみたいなんです。そこは社会が変わっていかなくちゃいけない部分でもあるんだけど、でも父と母は同じ地平に立っていたらいけなくて、役割が違うんだと思ったほうがいいのかもしれないですけどね。

苫野　夫婦が同じ立ち位置で子育てしなければいけないっていうのは、新たな現代のノロイかもしれないですね。それができるに越したことはないけど、できない場合に、お互い責めあうんじゃなくて、明示的に会話をして、相互承認したほうがいいと思いますね。「こうあるべき」っていうのがお互いのなかでずれていると、それぞれ自分の枠で相手を断罪しあうことになるから。

常田　夫婦が別々のノロイにかかってるのかな。

赤木　お互い自分のラインでしゃべってて、かみあってない感じかなあ。自分が何に苦しんでいるか、どういうところがしんどいかがわかりあえてないこともよくある気がしますね。根っこは社会から来てると思うんですけど。

苫野　現象にとらわれて根っこが見えない。その根っこが、子育てのノロイということなんでしょうね。

子どもを観察してみよう

常田　お母さんたちの話を聞いてると、さっきの、能力を高める子育てっていうのはまさにそうで、こぼさず残さず食べるとか、お友だちと仲良くするとか、そういうのを一歳とか二歳のうちから子どもに要求して、「こうせねば」ってそればっかりで。その結果どんな子どもが育つかというと、すごく自信のない子、自己肯定感の低い子です。そしてお母さんは、「私はこんな一生懸命頑張ってるのに……」と思っているという。

苫野　それも、よかれと思ってやってるんですよね。そこが一番の問題ですね。教育の問題の大半はそこですよね。

赤木　そうなんですよねえ。「子どものため」って思うからまっしぐらになっちゃうしね。方向転換きかないんですよね。

苫野　じゃあ、「子どものため」の本質って何なのか。私は、哲学的には「自由になるための教育」という言い方をしていて、簡単に言うと、生きたいように生きられるようになればいい。この子が生きたいように生きられるため、というのを根底に敷くと、「あれ？ もしかしたらいま、逆のことしちゃってるかな」って振り返れるような気がするんですよね。「親の期待を押しつけちゃってるかな」とか。

常田 最初にも言いましたけど、いまのお母さんたちって子どもを見てないんですよ。観察してない。子どもが喜んでるかどうか、機嫌がいいかどうか、何が好きかといったことを観察する視点がなくて、「させなきゃ」っていうばっかりで。「もっと子どものことを見てください、何が好きですか」って聞いたら、「何だろう、何で遊んでるかな」みたいな。「生きたいように生きられる」ようにするためにも、子どもがどう生きたいと思ってるかをまず見ないといけないですよね。

赤木 なるほど、なるほど。

苫野 ヨーロッパの学校なんかだと、「あなたはどうしたいの？」って子どもにしょっちゅう聞きますよね。一方、日本では「ああしなさい、こうしなさい」と言ってしまうことがわりと多い。親もそういう環境で育てられてきたから、「あなたはどうしたいの？」って子どもに聞くマインドが育まれにくいのかもしれないと思います。でもそれは意識すれば変えられるから、常田さんがおっしゃったことはすごく大事で、「観察してみよう」って言うだけで世界が開けますよね。

赤木　なんでしょうね、その子どもの見えなさは。

常田　親が子どもと一体化してるというか、わかってるつもりになっちゃってるというか、別々の人間だということが感覚としてないというか。私は以前イギリスに一年間住んでいたんですが、そのときはすごく楽で、自分の考えとは別に子どもの考えがあるという感覚がもてて、自由な感じがあったんですよ。日本に帰ってきたら、なんか苦しくて。

苫野　そこにはたぶん、「世間」の影響がありますよね。「どうみられるだろう」っていう。

常田　ありますね。

感情を言葉にする

苫野　満員電車のベビーカーとか、ずっと問題になってますよね。そんなことも気にしないといけないなんて、なんでなんだろう。日本では「他人様に迷惑をかけちゃいけない」っていうのが昔からあったと思うんですけど、一方で、「困ったときはお互い様で助けあう」というのもあったと思うんです。最近は、むしろ困っても「助けて」って言えないような……。

常田　「自己責任」とか言われ始めてからおかしくなった気がします。私が香川県に来た一〇年前くらいまでは、共同体みたいのが残っていて、そのなかに入ると、何かあったときには助けてもらえる。そこが弱くなったのに、「自己責任」って言われると苦しいのかな。

苫野　この本の最後に赤木さんがいろいろ処方箋を書かれてますけど、ここにもし付け加えるとしたら、一つ前段階の話として、「誰かに話していいんだよ」って伝えたい気がします。ちょっとでも困ったら「助けて」って言えるとか、「ちょっと相談したいんだけど」って言えるとか。私たちは、何かあるとすぐ自分で抱えこんじゃうことがありますよね。

赤木　うんうん。子育ては自分のものだと思いすぎているのか……それとも、言ったら専門家に怒られるとか……。

苫野　専門家に怒られるかあ（笑）。最近、大空小学校の元校長の木村泰子さんとよく対談させていただいているんですが、木村さんとしゃべっていると安心するのは、「またやってもうたー！」とか言って、職員室でも「どうしたらええの、みんな助けてー」みたいなことをいつもおっしゃっていたそうで。周囲は、「なんだ、校長がこんなだったら、自分たちも言っていいんだ」となる。そういう場をみんなでつくりあおうよって言いたいですね。私たちは一応「専門家」だけど、こんなダメダメなところばっかりだということもさらけ出して……（笑）。

赤木　ほんとにそうです。

常田　お母さんたちが相談のときよく、「こんなこと聞いていいんですかね」って最初に言うんです。「自分だけかも」っていう不安もあるし、すごくちっちゃい、どうでもいいことに悩んでるんじゃないかという思いもあって。

苫野 たしかに、「こんなこと聞いていいのかな」って前置き、しちゃうなあ。

赤木 ありますねえ。わかります。深刻な悩みしか相談してはいけないっていう気分が、なんかありますね。でも、深刻かどうかなんて、子育てが初めてだったらわからんはずなのにね。

常田 どうも、きちんとした質問の形になってないと聞いちゃいけないっていう感じがあって。実際には、すごくグチャグチャしてるじゃないですか、いろんなことが。イライラ、モヤモヤしているのを、きちんと自分のなかで咀嚼して、質問の形にしてからでないと、聞いちゃいけないと思ってしまう。

苫野 感情をそのまま言っていいんだっていうことが見えてくると、いいのかもしれないですね。「悩み相談」っていうと、ちゃんと言葉になってないといけない気がするけど、そうじゃなくて。そのまま「いま困ってるんだよ、つらいんだよ」って言ってみたら、「え、どうしたの?」って会話が始まって、ちょっとずつ言葉になって、何か見えてくるかもしれないし。聞き方としては、「いま困ってることない?」じゃなくて、「いまどんな気持ち?」とかでいいんですかね。

赤木　「困ってることない？」って聞かれたら、「ないです」って言ってしまいそうですもんね。「そこまで困ってませんねえ」って。

常田　ほんとですね。

苫野　そうかあ。今日はすごくいいことをたくさん学んだなあ。

常田　私もです。

赤木　お二人とも、今日は本当にありがとうございました！

おわりに——ノロイは「なくす」ものではなく、「ほぐす」もの

本書を最後まで読んでくださったみなさま、ありがとうございました。そして、どうでしょう？　ノロイは、ほどけましたか？　ええ感じでほどけましたでしょうか？

「あれ、わたし、なんで、こんなことにこだわってたんだろう？」とちょっとでも思ってもらえれば、本書の狙いはかなえられたことになります。

繰り返しになりますが、私たちは、「こうあるべき」「こうしなければならない」と、子育ての幅を知らず知らず狭めて、がんじがらめになっているところがあります。

「『できる』こと以外にも大事なことがある」「〝ちゃんと〟しなくても、まぁええか」「言葉の裏に、子どもなりの気持ちが隠れているかも」「散歩のときって、たしかにコミュニケーションの質が変わるなぁ」といったように、いままでとは違うまなざしで子育てを考えても

らうきっかけに本書がなれば、嬉しい限りです。

ただ、一つだけ、付け加えたいことがあります。それは、**ノロイはなくすものではないということです。**

本書で取り上げてきた〝ちゃんと〟のノロイ、「やればできる」のノロイ、「カダイ」のノロイ、「休みに価値なし」のノロイといった各種**ノロイは、その人が、なんだかんだ言いながら大事にしてきたことでもある**んですよねぇ。自分の一部でもあります。

このことは私自身にもあてはまります。私は、とにかく「休む」のが下手くそです。「休み＝悪」くらいの仕事中毒です。休みの日でも、隙あらばパソコンを開いてしまいます。中途半端にやっても効率があがらないとわかってはいても、でも、休むと罪悪感を抱いてしまうのです。まさしくノロイ中のノロイ。

ただ、言い訳をすると、「休み＝悪」になる歴史にも必然性があります。私は、大学を卒業した後、一年浪人しました。進路に迷って、決め切れないまま卒業してしまったのです（オイ……）。さらに、「修士」という大学院を卒業した後、「博士」の大学院の受験に失敗し、そこでも浪人しました。当時、二六歳。いまとなっては、二〇代の浪人なんてたいしたことではないとわかるのですが、当時は、「二六歳で浪人」という現実をなかなか受け入れることができませんでした。休むのが不安で、勉強にバイトに、とにかくかけまわっていました。

顔面神経痛になっても、休むなんてもってのほかでした。その名残がいまも残っているのです。ちなみに、この原稿を書いている現在は二七時五二分……。

たぶん、どの人にも、ノロイに至る歴史があると思うのですよね。「できる」ことで自分を証明してきた人もいるでしょうし、親の強い価値基準に影響を受けて、良くも悪くもその基準で子育てをすることもあるでしょう。

その人なりのノロイは、それはそれで大事なものです。だから、ノロイを無理に「なくす」必要はないと思います。でも、そのノロイは、子育てをしんどくさせているのも事実。だから、本書では、「ほぐす」という言葉をタイトルに使いました。**ノロイを「なくす」のではなく、「ほぐす」**。こんがらがって凝固してしまった「〇〇すべき」という結び目をやわらかくほぐすきっかけに本書がなっていれば望外の喜びです。ほぐした後には、その人にしかできない、その人らしい子育てが残るはずです。

本書ができあがる過程では、多くの方にお世話になりました。

何より日々私が現場のなかで出会ってきた子どもたち、保護者の方々、先生方に感謝申し上げます。その時その時にしか出会えない重みのあるエピソードが、私の狭い枠組みを変えて、アイデアと深みを与えてくれることになりました。本書が少しでも読み手に届いているとすれば、みなさんのおかげです。また、「はじめに」で写真の使用を許可してくださったご家族にも感謝いたします。本書のイメージがとてもはっきりしました。ありがとうございます。

お忙しいなか、鼎談におつきあいくださった常田美穂さん、苫野一徳さんにも感謝いたします。お二人のおかげで、本書の主張がとても明確になりました。何より私自身が一番鼎談を楽しめました。

日本評論社の木谷陽平さんには、お詫びを含めた感謝しかありません。連載開始当初から締切破りの連続にもかかわらず、温かく見守ってくださりつつ、絶妙なポイントで催促くださいました。木谷さんが編集者でなければ、この本は日の目を見ることがなかったと思います。

本書に多く登場した私の娘と息子にも感謝です。本のなかでエピソードを紹介することについても、「ええよ」と快諾してもらいました。とくに、娘はゲラゲラ笑いながら読んでくれました。その笑いが、疲れでしぼみかけている執筆エネルギーを復活させてくれました。二人に登場してもらったおかげで、親しみのある文体になりました。そして、何より妻にも感謝します。私が「わかった風」なことを書けるのも、妻の子育てに支えられ、妻の子育てから学べているからです。いつも本当にありがとう。

最後に。私を育ててくれた父と母に感謝します。まさか、私が、子育て本を書くことになるとは夢にも思いませんでした。それでも、なんとか書き切れたのは、お二人から受けたゆるくも愛ある子育てのおかげです。小さい頃から私は、忘れ物多すぎで遅刻魔で運動音痴で不器用の極致。そんな私を両親は、「かずちゃんはマイペースやな」という絶妙な表現で見守ってくれました。当時「マイペース」という言葉の意味は知らなかったのですが、親の口調がやわらかい感じだったので、ええ感じの「ほめことば」として、絶賛受け取っていました（笑）。ここまでなんとかやってこられたのも、こうしたゆるく愛ある子育てのおかげです。心より感謝申し上げます。

この本を出せたことで、少しは親孝行になったかな？　どうかな？

本書コラム2、3は、以下の雑誌に掲載された記事を加筆修正したものです。転載をご快諾いただいた全国学童保育連絡協議会に厚く御礼申し上げます。

コラム2「発達障害のある子どもの安楽さを大事に—学童保育だからこそ」『日本の学童ほいく』五四二号、二八・三三頁、二〇二〇年

コラム3「子どものけんかってすごい—発達的理解と対応」『日本の学童ほいく』五一九号、一〇・一五頁、二〇一八年

赤木和重 あかぎ・かずしげ

1975年生まれ。神戸大学大学院人間発達環境学研究科准教授。博士（学術）。専門は発達心理学、インクルーシブ教育。保育・学校現場に入り、子どもや教師の姿に感動し、それを理論化する仕事をしている。著書に『アメリカの教室に入ってみた―貧困地区の公立学校から超インクルーシブ教育まで』（ひとなる書房）、『目からウロコ！ 驚愕と共感の自閉症スペクトラム入門』（全国障害者問題研究会出版部）など。趣味は寝ること。モットーは「発達研究に驚愕と共感を！」。

子《こ》育《そだ》てのノロイをほぐしましょう

発達障害《はったつしょうがい》の子《こ》どもに学《まな》ぶ

二〇二一年二月一五日　第一版第一刷発行

著者　赤木和重《あかぎかずしげ》

発行所　株式会社日本評論社
〒一七〇-八四七四　東京都豊島区南大塚三-一二-四
電話　〇三-三九八七-八六二一［販売］
　　　〇三-三九八七-八五九八［編集］
振替　〇〇一〇〇-三-一六

装画　仲村直
装幀　角倉織音（オクターヴ）
印刷所　三美印刷株式会社
製本所　株式会社難波製本

検印省略

ISBN978-4-535-56397-1　Printed in Japan